*À mes enfants & petits-enfants*

Colette Hoornaert

# Henri

Roman

Editions Coryphène

# 1

*Nous étions à peine sortis de cette période d'hiver qui m'avait paru bien longue, habituée depuis quelques années à la voir passer tout en douceur et plus rapidement, me semblait-il. Cette fois, après les chutes de neige importantes et successives, débutées avant même la fin de l'automne, le froid avait recouvert un sol endormi qui semblait ne jamais vouloir se réveiller.*

*Aussi la venue des premiers rayons du soleil en ce tout début de printemps fut-elle accueillie avec bonheur. L'éveil d'un renouveau commençait à poindre et me mettait du baume au cœur. Cette saison de renaissance, porteuse de vie, me réjouissait toujours. Je me sentais plus vive, pleine d'allant, plus créative sans doute, et je pensais qu'il était temps pour moi de retrouver Julie.*

*

Sans nullement l'abandonner, je l'avais laissée empreinte de désarroi et d'indignation devant le comportement insensé de son époux. Henri avait-il perdu la tête, était-il devenu fou ? Comment avait-il osé lui faire une telle proposition ? L'immense déception était plus cruelle encore, après des mois d'attente d'un courrier annonciateur d'un proche retour. Julie épuisée et déçue ne décolérait pas. Henri se moquait d'elle, ne cherchait pas à la comprendre, ayant retrouvé loin de sa famille, confort et tranquillité. Elle réalisait que sous des dehors de bienveillance enrobés de très jolies promesses de vie merveilleuse, Henri la réclamait avec les enfants et n'avait pas l'intention de revenir.

Elle avait accepté avec courage la séparation des trois premières années. Elle avait supporté les années supplémentaires, tenue en haleine par des courriers succincts, mais non destructeurs d'un espoir de retour. Cependant, depuis la fin du remboursement des dettes, les raisons évoquées en prétextes d'un nouveau prolongement de séjour lui paraissaient peu crédibles et avaient instillé le doute sur leur véracité.

Cette fois, l'annonce de ce report fut mal supportée par Julie qui venait de vivre des moments douloureux avec le décès de sa mère Joséphine et des parents d'Henri, tous trois disparus à un an d'intervalle.

Julie avait toujours été très appréciée par ses beaux-parents. Adoptée dès sa première visite, ces derniers l'aimaient comme leur propre fille, ayant toujours un peu regretté de n'en avoir pas eu. Henri avait un frère, prénommé Valéry, de quatre ans son aîné.

En complet désaccord avec l'attitude de leur fils cadet, qu'ils jugeaient incompréhensible, les parents avaient fini par accepter son départ comme moyen de solder les dettes, mais n'avaient jamais réussi à admettre sa désinvolture. Pour eux, rien ne justifiait ce séjour à rallonge considéré comme une véritable désertion. Tous deux avaient honte de son comportement, cause d'un souci permanent qui leur faisait beaucoup de peine. Déjà très âgés et sans fortune, ils ne pouvaient guère aider Julie qu'ils trouvaient très courageuse.

Si les trois premières années d'absence prévues dès le départ s'étaient assez bien passées, ils acceptèrent avec difficulté cette prolongation de deux ans. Laisser Julie, seule à nouveau, pour deux années supplémentaires, c'était impensable. La mère d'Henri souffrait de plus en plus de l'attitude de son fils qui la minait tous les jours davantage. Son époux dira à son décès : *c'est le chagrin qui l'a tuée*.

Déjà grands au départ de leur père, Julie avait vu ses deux aînés devenir adultes très rapidement. Après son mariage Blanche était restée quelque temps chez sa mère qui pouvait facilement loger le jeune couple. Julie était enchantée car elle appréhendait le départ de Blanche, son unique et véritable soutien. Toutes deux s'entendaient à merveille. Elle appréciait cette compréhension mutuelle qui existait entre elles. Les mots étaient superflus, car chacune d'elles semblait deviner et allait au-devant de l'autre.

Il n'en était pas toujours de même avec Rose au tempérament combatif ou avec Marthe plus faible et trop soumise.

Elle aimait tous ses enfants et ne faisait pas partie des personnes qui ont un comportement différent avec l'un ou l'autre. Elle reconnaissait toutefois avoir parfois peu de patience quand il y avait moins d'affinité, mais cela ne changeait en rien son affection profonde et identique pour chacun d'entre eux.

Son fils Henri, après sa période d'apprentissage, était resté comme second chez son patron avec lequel il s'entendait bien. Julie le voyait très peu, mais elle savait qu'il était content. Pour elle c'était l'essentiel.

Léon ferait de même s'il en avait envie, ou peut-être pas. Elle lui laissera le choix, sachant pertinemment qu'il faut aimer ce que l'on fait pour bien réussir.

À la maison, il lui restait trois enfants à charge, c'était encore beaucoup. Rose travaillait bien, mais sa jeunesse la desservait pour réussir à se créer une clientèle. La couture exigeait une parfaite finition et la réalisation d'un vêtement réclamait de nombreuses heures de travail pour un revenu très modeste. Julie avait rencontré plusieurs fois, sur le marché, une jeune femme de son âge qui était couturière. Toutes deux avaient sympathisé et se voyaient de temps en temps. Adèle était parfois submergée de travail, notamment à l'approche des fêtes. Elle habitait une petite maison en limite de la commune voisine.

Julie avait longtemps hésité à la solliciter : ne voulant pas se sentir redevable, cela lui demandait un énorme effort. Elle se décida enfin.

- Bonjour Adèle, vous allez bien par ce beau temps ? Comme moi, vous avez raison d'en profiter pour sortir, nous vivons les dernières journées ensoleillées de l'année, je pense.

- Bonjour Julie, je vais bien, merci, mais je suis épuisée avec un surcroît de travail énorme. Je ne sais pas si je vais m'en sortir.

- Les fêtes sont proches, c'est pour vous comme cela chaque année, il me semble.

- Je vais sans doute devoir refuser auprès de mes clientes et cela m'ennuie beaucoup.

- Je pourrais peut-être vous proposer ma fille Rose comme aide. Elle est très capable de coudre des ourlets et des boutons, faire du surfilage ou broder des boutonnières. Elle a obtenu son brevet de coupe et voudrait exercer votre métier, mais comme elle est encore très jeune, c'est difficile pour moi de lui trouver du travail.

- J'accepte de suite votre offre, Julie, votre fille me serait d'un grand secours. Je la paierai au tarif des débutantes et je lui donnerai des restes de coupons. Si elle aime le métier, elle saura les utiliser, j'en suis certaine.

- Alors c'est d'accord, Adèle, je vous remercie. Rose va être certainement très contente et, si cela vous convient, je vous l'envoie dès demain.

- C'est moi qui vous remercie, Julie. Vous me rendez un grand service. Rose pourra déjeuner avec moi, pendant cette fin d'année, cela lui évitera de perdre trop de temps dans les trajets.

Les jeunes femmes se quittèrent ensuite, toutes deux satisfaites. Julie pensait en rentrant chez elle que peut-être elle aurait dû demander plus tôt. Cependant, moins surchargée de travail, Adèle lui aurait gentiment opposé un refus, n'ayant pas de réel besoin. Finalement chacune d'elle se rendait service et Julie se sentait toute légère.

Marthe avait obtenu le certificat d'études avec mention très bien, et aurait aimé aller au collège pour poursuivre sa scolarité et devenir institutrice. Julie malheureusement ne pouvait pas payer les frais de pension et se refusait à faire appel à son époux. Elle eut donc recours à Antonine, une habitante du village, spécialiste réputée dans le repassage des bonnets tuyautés. Cette dernière avait accepté de prendre Marthe gratuitement pour douze mois de formation. Ce travail minutieux et délicat nécessitait beaucoup d'attention pour atteindre la perfection, les clientes étant très exigeantes.

Le jeune Léon n'aimait pas du tout l'école, il préférait aller traîner dans l'atelier. Marthe l'obligeait à faire ses devoirs et l'aidait beaucoup. Julie se fâchait parfois très fort, désireuse de voir son enfant acquérir un minimum de connaissances. Elle avait perçu l'embarras et parfois un peu de honte auprès de personnes incapables de lire ou de compter. Les Anciens s'en excusaient, n'ayant pas eu la chance d'aller à l'école pour apprendre, mais chez des plus jeunes, qui avaient été paresseux et souvent absents, il y avait, à l'âge adulte, une véritable gêne et peut-être des regrets.

À la suite de sa période d'apprentissage, Julie avait trouvé pour Marthe un emploi de deux jours par semaine au château du village. La fillette ne s'y plaisait pas, la comtesse de la Combe étant peu aimable, autoritaire et toujours insatisfaite. Cette dernière regardait longtemps chaque bonnet et ne manquait pas de relever le léger faux pli, menaçant de réduire le salaire si à nouveau le travail n'était pas parfait.

Marthe n'était jamais complimentée sur son travail parfaitement réussi, mais au contraire, elle recevait très souvent des reproches à souhait pour la moindre petite erreur. Aussi, craignait-elle beaucoup cette vieille dame et avait toujours peur de mal faire. Un soir, à son retour elle se plaignit auprès de Julie.

- Tu sais, maman, je n'ai pas envie de continuer à aller chez la comtesse. Elle me fait un peu peur et n'est jamais contente de mon travail. Je préférerais aller chez Antonine.

- Ce n'est pas possible, Marthe, elle ne pourra pas te payer.

- Cela m'est égal et puis il n'y a pas de chauffage dans la pièce où je travaille et j'ai froid toute la journée.

- J'ai eu du mal à te trouver cet emploi et tu dois continuer encore quelques mois pour obtenir une référence. Celle-ci te permettra d'acquérir ensuite une meilleure place. Sois un peu raisonnable, j'ai assez de soucis en ce moment. Je t'en prie, ne m'en donne pas davantage.

- Je vais essayer et c'est bien pour te faire plaisir. Ce vieux château n'est pas beau, il est triste et sévère, je ne l'aime pas.

En brave petite fille, Marthe réussit à tenir une année complète. Elle finit par moins craindre la comtesse qui, de son côté et satisfaite de sa repasseuse, devint plus aimable. La perte en partie de sa timidité initiale et un acquis conséquent d'assurance, elle se sentait plus à l'aise. Aussi se permit-elle un jour d'interroger la vieille dame.

- Je ne comprends pas pourquoi vous aimez vivre dans ce vieux château, immense, froid et lugubre ?

- C'est mon héritage familial, construit en 1714 par mon ancêtre François de la Combe, un compagnon de Vauban, ce qui explique son aspect fortifié.

- Mais vous étiez tellement nombreux dans votre famille pour l'avoir construit aussi grand ?

- Non, pas du tout, mais à cette époque les bandits couraient les chemins et quand il y avait du danger, le châtelain accueillait les habitants du village qui venaient se réfugier au château.

Cet immense édifice, dissimulé en grande partie aux regards des passants était situé au cœur d'une parcelle très boisée. Bâti en calcaire bleuté, la pierre de la région, coiffé d'ardoises grises, il se présentait en masse imposante et très sombre qui contrastait de manière saisissante avec le vert du nid de verdure qui l'entourait.

Au village Antonine la repasseuse se faisait vieille et ses mains déformées par les rhumatismes souffraient sous le poids pesant des fers. Marthe allait, de temps en temps, l'aider pour la soulager car toutes deux s'entendaient assez bien. Des liens d'amitié s'étaient créés entre elles sans pour autant parler d'affection.

Un jour Antonine lui proposa de venir travailler tous les jours tout en s'excusant de ne pouvoir lui verser un gros salaire. Quelle ne fut pas sa surprise quand elle apprit que son prix de l'heure était supérieur à celui de la comtesse. Marthe n'osa accepter de suite cette offre sans en avoir parlé à sa mère. Elle s'empressa dès le lendemain d'annoncer son accord, ravie d'arrêter ses séjours au château et de quitter cette femme blessante, autoritaire, exigeante et si peu agréable avec la très jeune fille qu'elle était encore.

De son côté Julie était satisfaite de cet emploi assuré car elle gardait sa petite cadette près d'elle. Un jour, si tout allait bien, elle pourrait remplacer définitivement Antonine. L'idée de se retrouver seule la hantait et la terrorisait. Le départ de ses enfants se ferait, c'était certain et logique, mais inconsciemment elle le souhaitait le plus tard possible.

Julie n'avait pas interdit à ses enfants d'écrire à Henri s'ils le souhaitaient, mais ne voulait plus jamais en entendre parler. À l'évocation de son nom, elle était incapable de se dominer, tant sa colère était grande. Sans connaître la raison de son comportement, les enfants avaient vite compris qu'il leur fallait éviter de parler de leur père, et peu à peu, ce dernier était tombé totalement dans l'oubli.

Blanche et Rose avaient fait l'effort d'envoyer plusieurs fois des nouvelles, mais elles furent très vite désappointées. La réponse attendue en retour de leur longue missive était décevante. Henri se contentait de quelques mots sur une carte postale du style : *je suis content de vous savoir en bonne santé. Je vous embrasse tous.*

Elles auraient aimé en savoir davantage sur son lieu de vie, sur son travail et sur les personnes qui l'entouraient. Avait-il des amis, comment étaient les jeunes filles kanakes, les villages ressemblaient-ils à Saint-Hérilay, y avait-il un gros tilleul au centre de la place et un kiosque où les musiciens jouaient le jour de la fête du village ? Henri aurait sans doute répondu à toutes ces questions, mais l'une comme l'autre ne les avait pas posées. Elles avaient simplement écrit : *dis-nous comment c'est là-bas,* ou encore, *la mer est-elle bleue comme le ciel ici quand il fait beau ?* Henri aurait pu essayer de satisfaire la curiosité de ses filles, mais non, c'était sans doute trop lui demander. Le temps allait passer en offrant à toute la maisonnée des instants de joie, mais aussi des moments difficiles. Julie continuerait à se battre pour résoudre au mieux ses problèmes. Elle assumera et gagnera un peu avec la tenue de la recette buraliste et améliorera ses revenus en préparant des repas pour les ouvriers. Sa salle étant grande, elle organisera des banquets pour les membres d'association sportive ou de musique, mais aussi pour des mariages ou des fêtes de famille.

Elle avait quelques spécialités qui lui firent une très bonne renommée. C'était par exemple, le gigot d'agneau accompagné de tendres flageolets fondant dans la bouche, le boudin aux pommes, un pâté de lapin dont elle avait le secret et sa tarte aux groseilles rouges recouvertes de crème fraîche sucrée et vanillée, un vrai régal.

# 2

Il est peut-être utile de rappeler ici les circonstances qui ont amené Henri à quitter la France. Installé depuis de nombreuses années, il exerçait son métier de menuisier charpentier qui lui permettait de subvenir aux besoins de sa famille. Il avait réussi à acquérir une excellente réputation due à la qualité de son travail. Homme de parole, fier et rigoureux, il mettait un point d'honneur à toujours respecter ses engagements.

Depuis longtemps il voulait réussir, faire partie des meilleurs et, pourquoi pas, avoir sa place parmi les plus importants de sa région. Très heureux d'avoir obtenu un gros chantier, il avait dû emprunter pour se donner les moyens de le réaliser en temps voulu. Le prêt remboursé, il était bien le seul à être satisfait et assez content de lui. Julie, son épouse, qui tenait les comptes, ne s'était pas privée de lui faire remarquer le peu de gain qui résultait de ce travail.

Aussi, quand il s'enhardit et accepta cette fois une commande déraisonnable pour sa toute petite entreprise, Julie prit vraiment peur. Elle réalisa immédiatement l'énormité du prêt qui leur serait nécessaire pour payer la quantité de bois et le supplément d'ouvriers obligatoire pour livrer dans les délais. Elle le supplia de renoncer, mais, têtu et satisfait d'avoir décroché ce chantier, Henri refusa catégoriquement de se dédire. Hélas, une erreur de prise de certaines dimensions l'obligea à refaire, à ses frais, une grande partie des éléments spécialement conçus pour ce bâtiment.

Julie évita de lui rappeler sa mise en garde, sachant très bien qu'il était inutile d'aggraver davantage leur situation en mettant de l'huile sur le feu. Vexé d'avoir commis cette erreur dont il était l'unique responsable, Henri payait déjà assez cher cette déconvenue. Très endetté, et malgré les nombreuses heures supplémentaires prises sur son sommeil qu'il s'imposait chaque jour, ses gains couvraient à peine les intérêts du prêt.

Lorsque l'opportunité se présenta d'aller au loin avec la possibilité de rembourser en trois années son dû, grâce à un très bon salaire, il lui parut impossible de laisser passer cette chance de s'en sortir rapidement. Sa décision prise, il était inutile d'aller contre et d'essayer de le faire changer d'avis.

Après un voyage sans problème et un arrêt de deux jours à Sydney, il fut accueilli, à son arrivée à Nouméa, par un responsable de la société d'exploitation de la mine de Kavin qui le conduisit jusqu'à l'hôtel. Les deux hommes devaient se retrouver, dans une petite heure, pour aller manger. Henri mit à profit ce temps pour se rafraîchir et se reposer. Il décida d'aller ensuite attendre son hôte dans l'entrée de l'établissement où se trouvaient quelques fauteuils. De cet endroit il le verrait arriver et ne le ferait pas attendre. Être toujours à l'heure faisait partie de ses impératifs sans doute parce qu'il ne supportait pas le retard.

Arrivés juste à l'horaire convenu, après une poignée de main, tous deux ressortirent pour aller jusqu'au restaurant.

- Peut-être pouvons-nous aller à pied, ce n'est pas très loin, sauf bien sûr, si vous êtes fatigué ?

- Pas du tout, je me suis assez reposé pendant toute la traversée.

- Vous avez eu la chance d'avoir du beau temps, ce qui rend le voyage plus agréable.

- C'est certain, mais j'ai trouvé le trajet bien long. Je n'ai pas l'habitude de rester inactif, aussi il me tardait d'arriver.

- Je vous comprends. Nous y sommes, voyez c'est très rapide même en marchant sans se presser.

Au cours de ce repas, tous deux bavardèrent et firent un peu connaissance. Le programme du lendemain fut également précisé. Après une nuit de repos, la matinée serait occupée à aller passer la commande des bois et de l'outillage nécessaire à la fabrication des charpentes. Henri avait toute latitude de choix et de quantité, étant considéré comme le seul spécialiste habilité et compétent. Dans l'après-midi, ils prendraient le bateau pour se rendre sur le lieu des futurs travaux.

En sortant du restaurant, ils décidèrent de s'appeler par leur prénom.

- Moi, c'est Lucien, je connais déjà le vôtre, Henri. Je vous raccompagne jusqu'à votre hôtel.

- Ce n'est pas la peine, j'ai fait attention le long du trajet et c'est simple, c'est toujours tout droit.

- Je sais, mais j'y tiens, j'aime beaucoup marcher le soir et profiter d'un peu de fraîcheur.

- Vous êtes très aimable, je vous remercie.

Et, tout en marchant, Lucien, bavard de nature, continua la conversation.

- J'habite avec ma famille dans un pavillon, propriété de la société. Nous occupons le premier étage, le second étant réservé au personnel et aux visiteurs. Le rez-de-chaussée comporte une salle d'accueil, des bureaux et une salle de réunion. Je ne sais pas encore ce qui est prévu pour vous. Je ne pense pas que vous ferez journellement les trajets jusqu'à la baie de Prony. Vous ne serez donc pas notre hôte permanent, mais chaque fois que vous viendrez à Nouméa si vous en avez besoin, il y aura toujours une chambre pour vous. Nous aurons certainement, au cours de votre séjour, de nombreuses occasions de se revoir.

Arrivés à destination, ils se quittèrent.

- Bonsoir Henri, à demain, j'espère que vous passerez une bonne nuit.

- Bonsoir Lucien, c'était un plaisir de vous rencontrer, j'ai passé une excellente soirée.

Le lendemain matin, toujours accompagné de Lucien, Henri passa ses premières commandes sans tarder, ayant préparé une liste bien précise des pièces d'outillage et des matériaux dont la quantité des bois de structure calculée dès le départ du chantier. L'approvisionnement se ferait ensuite au fur et à mesure de l'avancement des travaux. Sans se poser de question, il remarqua cependant que les essences de bois différaient de celles qu'il avait l'habitude d'utiliser. Conseillé et rassuré sur les qualités des bois de construction utilisés sur l'île, il avait l'intention de ne pas tarder à revenir pour en apprendre davantage. Il aimait bien connaître le matériau employé pour le travailler aussi bien que possible et en obtenir le meilleur résultat.

Le reste du temps, avant l'embarquement pour la baie de Prony, fut utilisé sur les conseils de son compagnon, à l'achat de vêtements de coton, de chaussures légères en toile, d'un chapeau de paille et d'un casque colonial, objets précieux pour se protéger d'une chaleur parfois torride. Henri allait mettre quelque temps à s'adapter à ce climat, tout nouveau pour lui.

De la ville Henri ne verra pratiquement rien ce jour-là, mais il se dit qu'il aurait certainement d'autres opportunités d'y revenir et d'en faire plus ample connaissance. Son contrat de travail terminé, il pourrait aussi s'offrir quelques semaines de repos pour visiter l'île, avant de rentrer en France.

L'embarcation, pas vraiment adaptée pour des passagers, était très rustique. Elle servait principalement à transporter des matériaux. Sa faible vitesse, due en partie à une constante surcharge, laissait tout loisir aux hommes pour admirer le paysage. Henri, qui faisait le trajet pour la première fois, était captivé par les différents aspects du bord de côte vers le sud de l'île. Il était bien le seul, car les quelques hommes de l'équipage vaquaient à leurs occupations sans y prêter attention. L'habitude du parcours, pratiquement toujours identique à lui-même, supprimait sans doute l'envie de regarder, une fois de plus, ce beau spectacle qui s'offrait à eux.

Le trajet terminé, le capitaine du bateau fit quelques manœuvres pour accoster au plus près du ponton du débarcadère. Des cordes furent lancées pour immobiliser solidement l'embarcation afin de procéder ensuite au débarquement des marchandises.

- Avant d'aller sur le lieu des travaux, je vais vous emmener voir la baie. Chaque fois que je viens ici, je ne peux m'empêcher d'y aller. Je pense que cela va vous plaire.

- Sans aucun doute, Lucien, pour moi découvrir un beau paysage est toujours un plaisir.

En peu de temps ils atteignirent ce lieu magnifique. Henri était véritablement ébloui par tant de beauté. Il se baissa pour remplir ses mains de ce sable fin d'une pureté infinie et de couleur ivoire sous le soleil. Le contraste avec le bleu soutenu de la mer était saisissant. Deux petites îles pointaient à l'horizon tout en semblant assez proches. Il se promit, dès qu'il serait là pour son travail, de ne pas manquer un soir pour aller admirer ce coin de paradis.

- Alors, qu'en pensez-vous, Henri ?

- Ce lieu est superbe et je n'ai jamais vu un endroit aussi merveilleux. Je comprends votre désir de le revoir, chaque fois que cela vous est possible.

Ne pouvant s'attarder trop longtemps, tous deux prirent très vite un chemin au travers de la brousse. Après une dizaine de minutes de marche, ils découvrirent un grand terrain plat dépourvu de toute végétation sur lequel s'élevait une construction en bois. Le toit à deux pans et très peu pentu était recouvert de tôles grises. *Cette île n'a jamais connu de fortes chutes de neige,* pensa immédiatement Henri.

- Vous savez, Henri, votre arrivée est la bienvenue, car les employés présents actuellement attendent avec beaucoup d'impatience d'être logés convenablement. Dans l'immédiat, ils sont obligés de s'accommoder au mieux de cet unique habitat.

- L'ensemble n'est pas très grand et, s'ils sont nombreux, je les comprends tout à fait. Je vais faire au plus vite, selon mes possibilités, pour les satisfaire.

Henri fit connaissance avec les quelques hommes qui se trouvaient là. Un seul d'entre eux avait déjà travaillé un peu comme maçon. L'urgence était de construire sans tarder des bâtiments d'accueil pour les ingénieurs et aussi pour les futurs mineurs. La société minière avait cherché à recruter parmi les déportés des hommes de métier, mais n'en avait pas trouvé. Henri devrait donc se contenter d'apprentis qu'il aurait à former. Ce serait difficile, dans de telles circonstances, de faire un travail à la fois rapide et de qualité.

Ce défi n'était pas pour lui déplaire. Henri formula néanmoins quelques exigences pour le bon déroulement des travaux. Il voulait avoir la possibilité de ne pas garder les personnes qu'il jugeait incapables de se former rapidement. Il voulait également des hommes résistants, non bagarreurs, et qui accepteraient d'être commandés. Pour le reste, Henri pensait qu'après quelques semaines, il serait capable de bien juger ces ouvriers et il retiendrait ceux qui lui sembleraient aptes à former de sérieuses équipes de travail. Pour lui, une bonne entente au sein d'un groupe était indispensable pour éviter les accidents de chantier et obtenir des résultats satisfaisants.

Henri souhaitait également créer une première équipe et, si tout allait bien, il en formerait une seconde dans un délai de trois mois. Si nécessaire il y en aurait certainement une troisième. Dans l'immédiat, il ne pouvait en dire davantage. Le travail, il le connaissait très bien et le nombre important de constructions à réaliser ne lui faisait pas peur. Le vrai souci était celui des hommes qui lui étaient totalement inconnus. Seul l'avenir, pour l'instant incertain, lui serait de bon augure ou pas.

Les deux journées suivantes se passèrent, pour Henri, à l'étude des plans et au calcul de l'ensemble du matériel nécessaire à la construction. La première commande effectuée serait livrée le jour suivant. Celle-ci ne serait pas suffisante, mais permettrait de débuter le chantier. La dizaine d'hommes, choisis selon les désirs d'Henri et, sélectionnés dans différents pénitenciers, étaient attendus, eux aussi, pour le lendemain.

Henri appréhendait un peu cette rencontre, se demandant de quelle façon il devait gérer ce premier contact. Il avait préparé un texte qui se limitait à la simple explication de la raison pour laquelle ils se trouvaient là, à savoir la construction de logements.

Après cette courte allocution, il leur demanda si, parmi eux, certains avaient déjà travaillé dans le bâtiment. Sa question n'obtint pas de réponse. Alors il la formula d'une autre façon :

- Est-ce que certains d'entre-vous ont eu l'occasion de faire quelques petits travaux comme faire des réparations en clouant quelques planches ou en préparant un peu de ciment pour consolider un mur ?

Cette fois, quelques mains se levèrent. Alors, en souriant Henri leur dit :

- C'est parfait, tout espoir de réussir à bien travailler tous ensemble n'est pas perdu. Compte tenu du climat, les horaires de travail seront de six heures à onze heures le matin et nous reprendrons sur le chantier, après la sieste, de seize heures à vingt ou vingt-et-une heures. L'adaptation se fera selon la saison. Il se peut que, pour une raison ou une autre, nous dépassions ces horaires. Dans ce cas, vos heures seront comptabilisées et donneront lieu à du temps de repos.

Une dernière chose importante : l'absence d'entrave m'a été accordée pendant les heures de travail et cela se comprend. J'ai l'intention de vous l'allouer aux heures de repos. Cependant, au moindre écart de l'un d'entre vous, cet avantage vous sera supprimé immédiatement.

Maintenant avez-vous des questions à me poser ? Apparemment non, aussi, les matériaux étant en cours de débarquement, nous allons nous rendre utiles immédiatement.

Le lendemain matin, au lever du jour, les hommes munis de pelles et de pioches commencèrent à creuser en suivant le tracé d'un grand périmètre.

À l'intérieur de ce pourtour, un quadrillage de tranchées était prévu pour isoler du sol et servir de support aux traverses de bois qui soutiendraient le plancher. Dans ces excavations cimentées, des espaces seraient réservés à la pose de poutres ou piliers nécessaires à la structure des murs extérieurs et des cloisons intérieures. Lors de leur construction, des ouvertures seraient également faites pour les fenêtres et les portes. Henri se réservait la fabrication de ces dernières pour ce premier bâtiment tout en formant un apprenti. Il espérait, parmi ces hommes, en trouver quelques-uns qui seraient très vite capables d'enfoncer des pointes sans les tordre et sans fendre le bois.

Dans l'ensemble, ces hommes aguerris par le travail obligatoire qui leur était infligé travaillaient assez lentement, mais sans s'accorder de temps de pose. Henri avait distribué le travail en leur précisant de changer toutes les deux heures. De cette façon, piocher, pelleter ou transporter la terre n'incombait pas à la même personne toute la journée. De plus, sur sa demande, il leur serait fourni de l'eau à volonté. Cette pose, très courte, le temps de se désaltérer et de changer, ne semblait pas leur déplaire. Jamais bien loin, Henri par sa présence quasi-permanente, surveillait le bon déroulement de ce début de chantier. Il devait affermir son autorité dès le premier jour. Défavorisé par sa petite taille, mais de fort caractère, il avait toujours su se défendre et se faire respecter.

Satisfait de l'objectif atteint en fin de journée, il se garda bien de leur signaler.

- Nous en avons terminé pour ce soir, leur dit-il, demain nous coulerons la semelle en ciment qui servira de fondation.

Henri, sans être maçon de métier, avait plus d'une fois préparé le ciment lors de la fabrication d'un cabanon de jardin. Isoler le bois de l'humidité du sol était impératif si l'on voulait assurer la pérennité de la petite construction.

Après le repas du soir, tous assez fatigués de cette première journée se dirigèrent vers une grande tente d'aspect un peu militaire. Aménagée en compartiments et équipée de lits de camp, ils s'installèrent sans attendre heureux de pouvoir se reposer. Henri avait pris possession de la première cellule près de l'entrée et l'avait dotée d'une chaise et d'une table qui lui servait de bureau. Il était en effet impensable de faire des trajets matin et soir pour être logé à Nouméa. Cette situation provisoire, Henri l'avait acceptée sachant qu'une place lui était réservée dans le premier bâtiment construit. De là aussi, son désir de mener à bien les travaux dans les plus brefs délais.

À environ cinquante mètres de leur logement de nuit, un très gros réservoir d'eau douce alimentait un bloc sanitaire de campagne composé de douches et de toilettes. Tous appréciaient de se laver et se rafraîchir après une journée de travail.

Le second jour se passa à l'identique, sans problème. Par équipe de deux, les hommes mélangèrent assez longtemps le sable et le ciment avant d'y ajouter l'eau. Peu à peu les tranchées se remplirent. Là encore Henri appliquait le système d'échange toutes les deux heures afin d'équilibrer et de répartir au mieux la fatigue sur chacun de ses ouvriers. Dans l'ensemble ces personnes étaient loin d'être au mieux de leur forme. Les conditions de vie et la nourriture des pénitenciers en étaient la cause. Aussi furent-elles surprises de la qualité des repas et de la quantité qui leur était donnée. Henri avait précisé qu'il ne pourrait exiger de ces hommes un travail intensif s'ils avaient le ventre vide. Une cuisine simple, mais consistante serait parfaite.

Le déroulement des travaux se fit de façon régulière et sans grande difficulté. Henri était intransigeant et légèrement perfectionniste. Pour lui c'était nécessaire pour aboutir, au final, à une parfaite réalisation. Ses impératifs d'exécution devaient être tenus. Il n'hésitait pas à signaler les erreurs commises et à faire démonter et recommencer. Il prenait toujours le temps d'en expliquer les raisons. Ces hommes devaient comprendre l'obligation de respecter au cordeau le bon alignement, l'équerrage des angles. L'utilisation du niveau était obligatoire pour obtenir une surface plane. Il fallait réussir à construire des murs parfaitement droits sur lesquels viendraient se poser la charpente et la toiture. Ce n'était donc pas uniquement le désir d'un travail bien fait, mais une réelle nécessité. Comment leur faire comprendre qu'une erreur d'un malheureux petit centimètre d'écart à la base pourrait aboutir à plus de cinq en haut de la cloison si l'on manquait de rigueur ?

Se trouvant un jour chez son fournisseur, les Établissements Ballande, pour une nouvelle commande de réapprovisionnement, Henri avait l'intention de se renseigner sur les différentes essences d'arbres utilisées en construction. Un monsieur âgé, qui apparemment n'était pas en tenue de travail, mais se trouvait là, s'approcha de lui.

- Bonjour, vous cherchez quelque chose, il me semble. Puis-je vous aider ? je suis un ancien de la maison. Mon fils vient de reprendre l'affaire, mais je ne peux m'empêcher de venir faire un tour assez souvent.

- Bonjour monsieur. Je suis nouvellement arrivé sur l'île et j'aimerais en savoir plus sur des arbres qui me sont inconnus.

- Nous avons plusieurs arbres endémiques de la *grande île* qui nous sont bien utiles. Le *niaouli* par exemple qui jouit d'une forte résistance au feu est employé en petites dimensions car c'est un arbre tortueux.

- Je comprends, en effet.

- Ensuite il y a le *kaori,* également très présent sur l'île et très utilisé. Ce conifère de terrain minier, produit du bois résineux massif pouvant être blanc ou rouge. C'est un bois facile à travailler, résistant et son tronc est rectiligne, ce qui ne gâte rien. Il fait merveille pour les charpentes.

C'est bien celui-là que vous m'avez fourni et j'en suis enchanté.

- Nous avons encore le *tamanou,* qui peut mesurer jusqu'à trente mètres. Si vous allez en forêt, vous le reconnaîtrez au parfum de ses fleurs qui évoque celui des oranges et son écorce consistante présente une teinte tirant sur le rouge.

- Dommage que je sois attendu sur le bateau, je ne puis rester davantage. J'espère avoir l'occasion de vous revoir pour d'autres explications. Je vous remercie vivement de votre amabilité. Je me sens un peu moins ignorant.

- Tout le plaisir a été pour moi. Se découvrir encore utile, de temps en temps, est loin de me déplaire.

Sur le chantier, quelques semaines plus tard, Henri avait eu un véritable coup de colère lors du montage de la charpente. Un des hommes avait mis en danger la vie d'un autre, histoire de rigoler un peu. Henri n'avait pas supporté. La menace de le renvoyer mit fin à toute autre tentative stupide et dangereuse. Henri lui laissa une seconde chance car, cet homme très manuel de nature et le plus doué d'entre eux, semblait aimer son travail et avait appris très rapidement. Henri le voyait déjà chef de sa seconde équipe. Il l'aiderait au départ pour la former.

Henri connaissait bien les hommes et confier au plus jeune d'entre eux le poste de chef de chantier lui paraissait peu raisonnable. Difficile de commander des plus âgés pour certains et presque des copains pour d'autres. Mieux valait démarrer une seconde équipe avec des inconnus. Il serait là pour surveiller et corriger au besoin.

La construction fut terminée deux mois après le début du chantier. Selon la coutume, un bouquet de branchages fut placé à la cime du toit. Au repas du soir, un verre de vin fut servi à tout le monde pour fêter cet événement. Henri s'empressa de remercier son équipe pour les efforts fournis et leur bonne volonté pour apprendre un métier qui leur était inconnu jusque-là. Il leur dit ensuite que les erreurs commises, pardonnables à des débutants, ne seraient pas à refaire. Il espérait qu'ils allaient sans cesse s'améliorer et réussir à construire les autres bâtiments en perdant beaucoup moins de temps.

- Je pense que dans l'ensemble vous êtes satisfaits de votre travail, mais vous le serez davantage encore, si nous réussissons à gagner quelques jours sur nos futurs chantiers. Vous avez constaté comme moi, que peu aidés par leur santé fragile, deux d'entre vous ont énormément de difficultés à vous suivre. Je pense donc les remplacer, mais d'un autre côté je n'ai rien à leur reprocher. J'aimerais donc les garder en leur confiant la charge d'assistants d'équipe. Pour cela j'ai besoin de l'accord de vous tous. Je vous laisse un jour afin d'en discuter entre vous et j'attendrai votre réponse pour prendre ma décision.

- Inutile d'attendre, monsieur Henri, je pense que nous sommes tous d'accord.

À ce moment-là tous s'écrièrent :

- Oui, nous sommes tous d'accord !

- Alors, dans ce cas, levons nos verres à la santé de tous !

Ce soir-là Henri était très content. Il avait remarqué quatre bons éléments qui, dans trois mois, seraient performants. L'activité physique journalière, un sommeil profond réparateur, une alimentation suffisante, avaient redonné à ces hommes un aspect de bien meilleure santé. L'avenir promettait une performance accrue dans la réalisation des autres constructions. Ces dernières devaient être un tiers plus grandes et Henri se dit qu'il lui faudrait sans doute dix semaines pour en construire une. Avec dans six mois deux équipes bien rodées, il serait donc possible de tenir le délai de trois ans de son contrat pour achever l'ensemble.

Habitué depuis très longtemps à un rythme de travail intensif, Henri donnait l'exemple et entraînait toute son équipe derrière lui. Très vite il fut apprécié par ces hommes qui ne rechignaient pas à faire des efforts supplémentaires quand il le fallait. Tous reconnaissaient en lui un patron juste et correct, ne pratiquant aucun favoritisme, qui avait su être patient devant leur manque d'habileté. Leur inexpérience était la seule cause des très nombreuses maladresses. Henri les respectait tous, sans jamais leur avoir posé la moindre question sur leur passé. Pour lui leur vie débutait le jour de leur venue et il voulait surtout ne rien savoir, ne rien entendre. Créer un climat serein de bonne entente faisait partie de ses priorités.

Henri s'était installé une dizaine de jours après la fin des travaux dans ce premier bâtiment, juste le temps nécessaire pour terminer les aménagements intérieurs. Logé, nourri, il ne fumait pas et avait peu l'occasion de dépenser. Régulièrement il envoyait la quasi-totalité de son salaire à Julie. Il tenait à se dégager de ses dettes dans les meilleurs délais possibles. Il lui faudrait ensuite travailler quelques mois pour réunir la somme nécessaire pour son billet de retour. Julie devrait également attendre encore un peu car il ne voulait pas rentrer sans un sou. Accumuler un petit pécule pour l'aider à redémarrer faisait partie de ses projets.

Son échec avait pesé très lourd et il s'était senti fortement atteint dans sa dignité. Rien dans son comportement ne laissait voir cette blessure profonde dissimulée au fond de lui-même. Fier et tenace, il allait s'en sortir et rentrerait la tête haute, prêt à affronter le regard de Julie. Il ne doutait pas un seul instant qu'elle l'accueillerait les bras grands ouverts avec des larmes de joie.

Très pris par son travail et satisfait des premiers résultats, sa famille lui manquait moins ces dernières semaines. Certes, chaque soir ses pensées étaient pour eux tous mais, bien fatigué de sa journée, il s'endormait très vite. Sur place déjà depuis quelques mois, il n'avait pas vu le temps passer. Finalement, se disait-il, cette parenthèse dans notre vie ne sera bientôt qu'un mauvais souvenir. Avec Julie, heureux de se retrouver, ils repartiraient d'un bon pied. Il se promettait de l'écouter davantage et de ne plus jamais prendre d'énormes risques. À bien y réfléchir, son épouse avait, comme l'on dit, les pieds sur terre et était pleine de bon sens. Très économe elle avait toujours su bien gérer les affaires à la fois du ménage et de son entreprise.

Henri profita donc de son jour de repos pour écrire une lettre à sa famille. Peu bavard de nature il n'était guère plus loquace pour s'exprimer sur le papier. Il manquait principalement d'habitude dans ce domaine, ayant eu rarement le besoin de le faire. Il se contentait de dire que le travail ne lui posait pas de gros soucis. Le délai pressenti au départ serait sans doute tenu, sauf imprévu, et il espérait recevoir des bonnes nouvelles de toute la maisonnée.

Pour lui l'essentiel était écrit et il ne voyait pas grand-chose à dire de plus. Ajouter des détails sur son installation, le déroulement d'une journée ou encore tenter de décrire son proche environnement, tout cela lui paraissait inutile et sans intérêt. Il était peu enclin à faire davantage d'effort et terminait en annonçant son passage récent chez le notaire où il avait effectué un autre versement. Julie pourrait faire une réclamation si l'argent ne lui parvenait pas dans la quinzaine suivante. Invariablement la dernière phrase était :

*J'attends votre lettre et vous embrasse tous. Henri.*

Henri avait vécu un tragique événement, au cours des journées précédentes, mais il ne jugeait pas utile d'en informer sa famille d'autant plus qu'il se sentait le seul concerné. Sa situation devenue pénible, il se voyait mal en faire part à Julie pour trouver, auprès d'elle, une aide et un peu de réconfort. La connaissant bien il savait qu'elle prendrait à cœur son problème et ne pourrait qu'en souffrir, étant trop éloignée pour lui prouver son soutien et l'assister le mieux possible.

La seconde équipe, en place depuis plusieurs mois, était à son tour très efficace. Composée en grande partie d'éléments jeunes, tous semblaient heureux de travailler en plein air et dans une bonne ambiance. Henri les surveillait de très près. Un soir, il surprit une conversation entre deux d'entre eux, dont les propos l'inquiétèrent beaucoup.

- Tu ne crois quand même pas que je vais croupir toute ma vie dans cet horrible bagne ?

- Comment faire autrement que de supporter en espérant un allègement de peine, ou pourquoi pas une grâce. Nous sommes sur une île, à des milliers de kilomètres du pays, il n'y a aucune chance de pouvoir s'échapper.

- Toi, tu es un rêveur en pensant un jour être gracié. Moi, j'ai les pieds sur terre et j'ai à peine vingt ans. Vivre ici jusqu'à l'arrivée de mes cheveux blancs, tout cela pour avoir volé une miche de pain pour ma mère ? Plutôt mourir tout de suite.

- Tu vois bien, c'est toi qui rêves. Si tu t'évades tu seras vite retrouvé, tu ne connais personne pour t'aider et tu n'as aucune chance de t'en sortir.

-Si tu le dis, mais j'ai mon idée, j'attends le bon moment qui, sans doute, ne va pas tarder.

En écoutant ce pauvre garçon, Henri se disait qu'il n'avait vraiment pas eu de chance. Il trouvait injuste et beaucoup trop sévère la peine infligée pour un si petit délit. Cela lui paraissait disproportionné et inhumain. Sans doute la justice voulait-elle des exemples, mais il n'approuvait absolument pas ce jugement. Comment pouvait-on détruire une vie pour si peu ?

Et le drame arriva. Henri ne pouvait l'oublier et allait certainement toujours se le reprocher. Il avait eu tort de continuer à faire confiance à ces hommes en partie résignés et d'en oublier les plus jeunes, rebelles et avides de liberté. Si seulement il avait considéré cette conversation comme un réel avertissement pour le mettre en éveil et l'inciter à redoubler de vigilance. Il serait revenu sur son accord. L'idée d'être entravé, nuit et jour, lui était insupportable et l'avait poussé à libérer les membres de ses équipes de leurs chaînes. Ce jeune avait eu le bon sens de se tenir tranquille durant de nombreuses semaines, de façon à mettre tout le monde en confiance. Puis, une nuit, il s'était échappé et avait été retrouvé dès le lendemain. Là encore, le soi-disant jugement avait eu lieu à la Pénitentiaire avec condamnation par pendaison. L'exemple, toujours l'exemple.

Henri se sentait doublement coupable par son manque de clairvoyance et sa négligence. Il avait oublié le temps de la jeunesse où tout semble réalisable et mérite d'être tenté, même l'idée la plus folle. Il n'avait pas été assez conscient que ce manque de liberté passait très vite de l'intolérable à l'insupportable. Sauver cette vie lui aurait sans doute été possible. Ne pas avoir su agir correctement et au bon moment afin d'éviter cette catastrophe, ce manquement à tous ses devoirs à l'encontre de ses ouvriers allait sûrement le poursuivre jusqu'à la fin de ses jours.

Les travaux continuèrent et les délais fixés par Henri furent tenus. Le programme établi des constructions, revu à la hausse en raison d'une augmentation assez importante du nombre des ouvriers, avait entraîné un allongement de son contrat de travail. Il commençait à se trouver bien, surpris de s'être adapté aussi facilement au climat chaud de cette île du bout du monde. Il allait patienter, persuadé de réussir à décider Julie de revenir sur sa décision. Elle finirait par se lasser et viendrait le rejoindre, il lui suffisait d'attendre.

# 3

Pendant de nombreux mois Eugène, le mari de Blanche, ne s'était jamais plaint d'effectuer à vélo le trajet pour rejoindre son lieu de travail.

Jeune et résistant, la distance parcourue était presque un plaisir journalier. Lors de fortes chutes de neige, le trajet à pied ne lui faisait pas peur.

La carrière, créée par son père, se trouvait à quelques kilomètres du village. À la mort de celui-ci, c'était le fils aîné qui en avait pris la direction. Eugène, très jeune à l'époque, s'était promis de prendre la suite. En attendant, il cherchait un autre emploi car la cohabitation entre les trois frères sur leur lieu de travail était parfois très tendue, la compréhension trop souvent inexistante.

Eugène considérait ses aînés comme des bons à rien, toujours prêts à s'adonner à la boisson. Aussi, à l'annonce d'un poste libre de contremaître aux carrières de la veuve Berlemont, il s'était empressé d'aller se présenter. Cette dernière n'ayant pas de fils, ses deux gendres étant dans l'enseignement souhaitaient y rester.

La candidature d'Eugène avait été acceptée avec en prime, un salaire non seulement assuré, mais plus conséquent. Afin de se rapprocher de ce nouveau lieu de travail, le couple avait déménagé et s'était installé provisoirement chez la mère d'Eugène. Celui-ci avait repris sa chambre, diminuant de moitié le trajet à parcourir chaque jour.

Julie avait regretté l'éloignement de sa fille, mais comprenait tout à fait le choix et l'intérêt d'Eugène. Elle avait d'ailleurs encouragé Blanche en l'invitant à venir la voir le plus souvent possible.

- Tu es jeune et bonne marcheuse, je suis sûre que tu trouveras toujours un moment pour venir nous voir. Après tout, ce n'est pas si loin. Nous serons toujours là pour toi, tu le sais.

- Je le sais, maman, mais vous allez beaucoup me manquer. Je connais à peine ma belle-mère et je ne sais pas pourquoi je ne suis pas à l'aise chez elle.

- Vous allez apprendre à vous connaître et je suis certaine que vous allez bien vous entendre. Ne te fais pas de souci.

Blanche s'était installée, ayant trouvé dans la chambre une commode mise à sa disposition. Celle-ci lui suffisait pour ranger leur linge et leurs vêtements en faible quantité. L'un comme l'autre savait se contenter du juste nécessaire n'ayant pas la possibilité de s'offrir du superflu.

Elle soulageait sa belle-mère déjà âgée et bien fatiguée. Pas moins de dix enfants mis au monde dont deux fois des jumeaux. Deux enfants n'avaient pas survécu, mais il avait bien fallu s'occuper des huit autres. Il était dit que les accouchements étaient rarement identiques. Ce fut le cas à la naissance, pour la seconde fois, des jumeaux. La pauvre femme avait lutté pendant plus d'une semaine pour rester en vie. Son mari affolé et ne comprenant pas ce qui se passait, avait promis de construire une chapelle à la Vierge, dès la guérison de sa femme. Il tint parole, seule la famille connut la raison de la présence de cette petite chapelle située en bordure de route, non loin de la maison.

Environ six mois après leur mariage Blanche découvrit qu'elle était enceinte. Les nausées et vomissements n'étaient pas les bienvenus, mais elle était heureuse d'attendre un enfant. Au bout de quelques semaines ces désagréments disparurent et Blanche se sentait en pleine forme.

Eugène paraissait content, mais ne voulait rien entendre des histoires de bonnes femmes, comme il disait, aussi Blanche se taisait. Sa belle-mère, peu causante, assez froide, l'intimidait beaucoup - ce qui l'incitait à faire assez souvent le trajet à pied pour aller passer une heure ou deux près de sa mère qui savait si bien la rassurer.

La chambre exiguë pour deux adultes était devenue bien petite début septembre avec la naissance de Gilbert, mais il fallait bien s'en accommoder. Davantage occupée, Blanche espaçait ses visites à Saint-Hérilay. Elle était contente d'avoir beaucoup de lait pour satisfaire aux besoins de son fils, un gros gourmand qui réclamait fréquemment. C'était pour sa mère à la fois contraignant et très plaisant, instant de repos et de bonheur. Les tétées allaient se prolonger au-delà de la première année. Son petit bout d'homme la rendait heureuse par ses sourires, ses gazouillis et elle le regardait s'éveiller.

Une certaine harmonie de vie calme et sans heurt perdurait au sein de la petite famille. Eugène était très fier d'avoir un fils même s'il ne le montrait pas beaucoup. De loin il le regardait grandir, mais ne s'en occupait guère. Les soins apportés à l'enfant durant la petite enfance étaient pour lui entièrement réservés aux femmes.

Blanche confiait parfois le petit Gilbert à sa belle-mère et passait à travers les prés pour gagner plus rapidement le village. Sa visite et son bavardage avec sa mère lui étaient précieux et quasiment indispensables. Par beau temps le dimanche elle prenait la bicyclette et installait Gilbert dans un panier fixé sur le porte-bagages. Eugène les accompagnait très rarement.

Julie, Rose et Marthe étaient toujours heureuses d'accueillir Blanche et son fils, et leur venue marquait la journée comme un jour de fête. Le temps s'était écoulé, Gilbert, déjà âgé de trois ans, commençait à bien s'exprimer et promettait d'être un fameux bavard. Léon allait sur ses dix ans et jouait avec lui ou lui apprenait à dessiner sur son ardoise. Les traits de craie allaient un peu dans tous les sens, mais Gilbert, content de son gribouillage était ravi des compliments de mémé Julie. Une nouvelle naissance était attendue pour dans quelques mois, au début de l'année suivante.

Cette année-là l'automne fut suivi d'un hiver précoce et vigoureux, aussi les déplacements pour Blanche se firent à pied et de plus en plus rares, compte tenu de l'avancée de sa grossesse.

Dans la région, le jour de l'An, de nombreuses personnes respectaient la tradition et se déplaçaient pour aller souhaiter la bonne année aux parents, à la famille proche et aux amis. Les femmes fabriquaient des gaufrettes fines et croquantes, parfumées très légèrement de rhum. Celles-ci, offertes aux visiteurs, accompagnaient un café chaud et fumant, très apprécié pour combattre le froid présent en ce début d'hiver.

Le 1er janvier 1904, Blanche avait ressenti quelques douleurs, aussi s'était-elle empressée le matin de traverser les prés pour présenter ses vœux à sa mère, à ses sœurs et à son petit frère. Eugène et Gilbert l'accompagnaient car ils étaient invités pour le déjeuner. Le couple allait repartir très vite car Blanche sentait que la venue du bébé était toute proche et qu'il fallait de suite aller chercher la sage-femme. La petite Marie naîtra au milieu de l'après-midi, ce premier jour de l'An, avec quelque peu d'avance sur la date prévue.

Gilbert, âgé de quatre ans, était resté chez sa mémé Julie le temps que sa mère se relève de ses couches. Léon s'occupait beaucoup de Gilbert dès son retour de l'école et la maison, d'habitude très calme, était envahie par leurs cris et leurs rires. Julie avait parfois du mal à supporter tout ce bruit et se gendarmait, de temps en temps, afin de les calmer pour un moment.

Pour Eugène il était urgent d'avoir un logement plus confortable avec l'arrivée du second enfant. Au début du printemps, il finit par trouver, dans un bourg beaucoup plus proche de son lieu de travail, une maison assez petite et plutôt vétuste avec une cabane attenante et la jouissance d'un pré. Le loyer modéré, compte tenu du mauvais état du logement, présentait au moins cet avantage.

De retour chez ses parents Gilbert fut peu intéressé par la découverte de la nouvelle venue. Il ne pouvait rien faire avec ce bébé qui dormait beaucoup, pleurait assez souvent et tétait le sein de sa mère. Il allait devoir attendre de nombreux mois avant de pouvoir jouer avec sa sœur.

Le changement de son lieu de vie le marquera davantage. Le déménagement et l'installation dans une autre maison allaient le perturber pendant quelques jours, le temps de faire connaissance avec son nouvel environnement et de se créer des points de repère. La faculté d'adaptation des enfants petits est étonnante, sans doute parce qu'ils n'attachent pas trop d'importance à ce qui les entoure.

Installée dans son nouveau logis, la petite famille y vivra les deux prochaines années qui s'y succéderont assez rapidement.

Eugène était bien occupé chaque jour par son travail et Blanche pouponnait avec bonheur la petite Marie. Le couple avait décidé de faire l'achat d'une vache. Eugène avait bêché un grand carré dans le pré et créé un potager. Cet apport en légumes frais était à la fois agréable et économique. Blanche avait appris à traire et cela lui plaisait. Elle vendait une partie du lait et faisait des fromages blancs bien appréciés dans le village.

Ses visites à Julie et ses sœurs s'étaient espacées en raison de son éloignement et du trajet trop important pour ses petits. De plus en plus prise par de nombreuses occupations Blanche n'en souffrait pas trop. Ses sœurs étaient heureuses de venir la voir dès que possible, très attirées par les enfants.

Eugène, ni tendre ni passionné, se souciait peu de préparer son épouse par des mots doux, des baisers et des caresses afin de tenter de jouir ensemble de ce plaisir, besoin naturel et sans doute réciproque. Satisfait, il ne posait certainement pas la question de savoir si elle était heureuse. Mais cette envie de s'aimer, tributaire de la disponibilité de chacun, ne se manifestait pas ou n'avait pas toujours lieu au même moment.

Blanche le craignait un peu et aucun dialogue n'existait entre eux dans ce domaine. Elle était son épouse et devait accepter son comportement en pensant aux autres femmes qui, comme elle, subissaient sans être pour autant comblées. C'était un sujet tabou impossible à aborder avec une amie. Elle n'osait pas davantage en parler avec sa mère. Pourtant un jour elle lui avait dit brusquement :

- Dis-moi, maman, comment ça se passe la première fois, le jour du mariage ?

Julie, surprise et étonnée de sa question lui avait répondu :

- Tu verras, ça se passe toujours bien quand on s'aime. Ton mari s'occupera de toi, tu auras juste à te laisser faire.

Blanche n'obtiendra pas plus d'explications de Julie embarrassée, peu préparée pour trouver une meilleure réponse, qui se souvenait n'avoir rien obtenu de plus avec sa propre mère.

Au village les compliments étaient d'usage et les plaisanteries aussi. *C'est pour bientôt le mariage ? Vous formez un joli couple* ou encore *vous allez bien vous amuser*. Selon les personnes, chacun lançait sa petite réflexion. Blanche se souvenait et ébauchait un sourire.

Elle était amoureuse et n'avait pas cherché à bien connaître Eugène. Elle le trouvait beau et gentil et il la complimentait, persuadé qu'elle serait pour lui une excellente future épouse. *Tu me plais et je te veux. J'attendrai le temps nécessaire pour réussir à te séduire.* Toutefois, après quelques années de vie commune, les petites attentions, les mots gentils avaient très vite disparu. La cause de ce changement d'attitude était-elle due à la fatigue accumulée par une journée de travail, ou le souci de problèmes à résoudre ? Blanche voulait le penser et essayait de s'en persuader. Le voyant soucieux et préoccupé, elle aurait aimé partager ses tracas avec lui, mais il la tenait à l'écart comme si elle n'existait pas. Quand elle lui avait suggéré que peut-être elle pourrait l'aider, il l'avait rejetée en lui disant :

- Ma pauvre fille, tu n'y connais rien, comment pourrais-tu m'aider ? Occupe-toi des enfants et de la maison, c'est là ta place.

Heureusement, la présence et l'insouciance de ses deux enfants lui apportaient de la joie et du bonheur.

Eugène était très content. Les efforts fournis avaient participé au développement de la société dont le chiffre d'affaires était en nette progression. Son salaire venait d'être augmenté, ce qui lui permettait d'envisager de réaliser son projet. Un peu à l'écart aux abords de la sous-préfecture, en bordure d'un chemin parallèle à la route nationale, il avait trouvé un joli terrain où il souhaitait faire construire une maison. Blanche s'en réjouissait car leur logement était vraiment petit et peu agréable.

Ce serait bientôt la fin de l'été en cette année 1906 et Blanche avait trouvé un bon équilibre de vie avec son petit Gilbert, qui allait fêter ses 6 ans dans quelques jours, et Marie une fillette très menue, mais pleine de vie. L'espoir d'emménager bientôt dans une maison toute neuve et confortable la faisait rêver souvent.

Soudain, un terrible drame, dans toute son horreur, était venu détruire la quiétude de la famille. Le 31 août le petit Gilbert décédait d'une méningite foudroyante. En l'espace de quelques heures tout s'écroulait. Eugène par chance était sur place et la forte fièvre si soudaine le fit réagir immédiatement. Il attela le cheval à la carriole et partit précipitamment chercher le médecin. Ce dernier ressentit l'angoisse de ce père affolé et l'accompagna de suite. Malheureusement il constata le mal et avoua sa totale impuissance.

Blanche, totalement anéantie, vécut pendant de longues semaines dans un état dépressif de grande ampleur. Sa petite Marie allant sur ses trois ans réclamait son compagnon de jeux, ce qui attristait davantage sa mère qui ne savait comment lui expliquer cette disparition soudaine. Peu à peu la fillette oublia et retrouva sa joie de vivre, mais elle n'arrivait pas à sortir sa jeune maman de ce profond désespoir.

Sur les conseils du médecin, Eugène décida de retourner chez sa mère au Baldaquin afin d'éloigner son épouse du lieu du drame. Aline, sa sœur aînée, venait de se marier, et sa chambre était disponible. Elle avait quitté la maison familiale pour s'installer au village. Blanche disposerait donc de cette pièce pour Marie et, en se rapprochant de sa famille, pourrait aller la voir plus souvent.

Malgré l'affection de son entourage, Blanche ne réagissait plus et se laissait aller en se complaisant dans son malheur. Il fallait à tout prix l'aider à s'en sortir. La naissance d'un autre enfant, disait-on, en la contraignant à répondre aux exigences d'un nouveau-né, pourrait être une solution et aurait un effet bénéfique.

Une fois réinstallés au Baldaquin, la grand-mère avait proposé de prendre sa petite-fille dans son lit pour la tenir au chaud. Marie, la connaissant peu, ne voulait pas. Blanche, de son côté, même pour la nuit, n'acceptait pas d'être séparée de sa fille. La petite pleurait seule dans cette grande pièce qui lui était inconnue et où elle se sentait perdue. Elle avait peur aussi dans le noir. Eugène finit par céder aux supplications de Blanche en acceptant, pour une semaine et pas un jour de plus, la présence de sa fille dans leur chambre.

Tout au long de la semaine Blanche, inquiète, mais se voulant rassurante, allait dans la chambre d'Aline avec Marie. Elle cherchait à la familiariser avec ce lieu peu accueillant pour une fillette. Elle eut l'idée de demander à sa fille de trouver un nom chaque jour pour un des objets qui s'y trouvait, la guidant plus ou moins.

- Dis-moi, Marie, quel nom tu donnerais à ce gros et laid bahut ?

- *Gros laid*, bien sûr, c'est drôle ce nom, tu ne trouves pas maman ?

- Bonne idée. Demain nous viendrons dire bonjour à monsieur *gros laid*.

Le lendemain le choix du nom fut pour le pot à eau qui devint *poteau*. Le troisième jour le petit lit prit le nom de *dodo*. Marie avait pris goût à ce jeu avec sa maman et demandait à aller dans cette chambre où elle avait plein de bonjours à dire à ses personnages. Blanche avait essayé de lui faire dessiner le *gros laid*, le *poteau* et les autres, mais Marie était encore bien petite pour le faire. Aussi quand il fallut aller la coucher dans cette chambre ce fut un début de journée différent.

- Aujourd'hui, nous changerons nos habitudes, nous irons dire bonsoir à monsieur *gros laid* et à ses amis. Il me semble les avoir entendus dire qu'ils aimeraient bien que tu restes dormir un moment près d'eux. Si tu veux, pendant ce temps-là, je te raconterai une belle histoire.

- Oh oui maman, une toute grande.

Très vite Marie s'endormit et il en fut de même les jours suivants. La pièce lui devint familière, ce qui ne l'empêcha pas de réclamer une histoire chaque soir et pendant très longtemps.

Pour Eugène ce changement lui avait apporté des avantages car, pris par un travail plus conséquent à la carrière de Godin, il profitait de ses trajets journaliers pour contrôler l'avancement des travaux de construction de leur future maison. La suppression du loyer allait permettre également d'effectuer plus rapidement les finitions intérieures. Un ami lui avait proposé de venir faire la peinture et la pose du papier peint et Eugène avait l'intention de l'aider. Il se sentait capable de peindre les boiseries et de faire l'encollage du papier même s'il ne l'avait encore jamais fait.

Blanche avait été très attentive à l'annonce du projet de construction et avait suivi avec beaucoup d'intérêt le début des travaux. Depuis la mort de Gilbert, Eugène continuait à la tenir au courant, lui affirmant qu'il faisait tout son possible pour pouvoir emménager au plus vite. Son épouse le décevait, ne réagissant pas en lui donnant l'impression d'être totalement désintéressée. De retour, un soir, il lui annonça :

- Je viens de commander des cheminées pour toutes les pièces de la maison. Je sais combien tu as souffert du froid glacial de notre chambre aux vitres recouvertes de givre. Je me souviens de l'eau dans le pot sur la table de toilette qui avait gelé. Cela n'arrivera plus, nous pourrons faire du feu dans chaque chambre.

- C'est toi qui décides, lui avait-elle répondu.

- Es-tu contente au moins ? Il reste à choisir la couleur du marbre et je voudrais ton avis.

- Je ne sais pas, fais comme tu veux, ce sera bien.

- Peut-être si tu as une préférence, tu dois me le dire.

- Cela m'est égal et je n'ai pas d'idée.

Eugène constatait une fois encore, sa totale indifférence, peu importait le sujet. Blanche s'était laissée envahir par son chagrin et ne faisait aucun effort pour essayer d'en sortir. La souffrance était bien présente pour lui aussi, mais il la combattait, aidé en cela par son travail. Découragé, il sortit en la laissant seule avec ses ruminations.

Marie s'ennuyait et réclamait sans cesse.

- Dis maman, tu m'emmènes voir mémé Julie et Léon aujourd'hui ?

- Non, j'ai trop de travail, mais peut-être demain.

- Tous les jours tu me dis la même chose. Et pourquoi tu pleures tout le temps ? J'ai envie d'aller chez mémé Julie pour jouer avec Léon.

Lasse de l'entendre, Blanche s'était enfin décidée à sortir pour la première fois, depuis leur retour au Baldaquin. Julie était heureuse de les voir arriver et les accueillit en disant :

- Comme tu es jolie ce matin, ma petite Marie. C'est très gentil de venir me voir avec ta maman.

- Moi aussi je suis très contente de te voir, mémé Julie. Maman avait plein de travail et nous ne pouvions pas venir plus tôt.

Julie embrassa Marie et Blanche qu'elle tint serrée dans ses bras.

- Léon n'a pas école aujourd'hui, il va t'emmener voir les nouveaux petits lapins. Tu verras ils sont beaux et ont tout juste quinze jours.

Julie appelle Léon et Marie piétine d'impatience. Les enfants sortis, Blanche s'effondre dans les bras de sa mère.

- Ma pauvre fille, si tu savais à quel point je connais ta douleur et je m'en veux de ne pouvoir te soulager.

- Maman, je sais que tu m'aimes et que tu ferais fuir ce chagrin si tu le pouvais. Tu ne sais pas qu'il est immense et qu'il m'est impossible de le chasser.

- Je sais cela, bien mieux que tu ne le penses. Tu dois te faire aider de Marie qui a tant besoin de retrouver une maman aimante et souriante.

- Moi aussi, je t'aime beaucoup maman, mais tu ne peux me comprendre et te mettre à ma place.

- C'est pourtant toi, à peu près au même âge, qui m'a aidée à me relever.

- Je ne te comprends pas, que veux-tu me dire ?

- Je n'en ai jamais parlé. Le drame que tu vis me rappelle de bien mauvais souvenirs. J'ai perdu, moi aussi, un magnifique petit garçon d'à peine trois ans. J'ai connu, comme toi, ces instants de désespoir profond augmentés en plus d'un sentiment de culpabilité. Ton père m'avait rendue responsable, me reprochant mon manque de surveillance. Revenu ensuite sur les propos tenus sous l'effet du choc, à la mort de son fils, il s'était excusé et m'avait demandé de lui pardonner sa violente réaction.

Julie n'avait jamais oublié. Les mots cruels s'effacent difficilement de la mémoire.

- Pourquoi tu ne nous en as jamais parlé ?

- Cela n'aurait servi à rien. À l'époque comme Marie, tu étais bien petite, juste dix mois de plus que ce petit Henri. Tu as fini par l'oublier complètement et je n'ai rien voulu faire pour que tu en gardes toujours le souvenir. Cela aurait été trop cruel.

- C'est curieux de l'avoir appelé Henri, comme mon père, et ensuite avoir redonné le même prénom à ton second fils ?

- J'étais très amoureuse de ton père et très fière de lui donner un fils et je voulais lui faire plaisir. Je pensais bêtement qu'avoir à nouveau un petit Henri atténuerait notre douleur.

- Mais que s'était-il passé ?

- Le médecin n'a pas vu qu'il s'était empoisonné après avoir sucé ses doigts qui avaient touché une plante toxique. Quand il a compris, c'était trop tard.

- Ma pauvre maman, pourquoi avons-nous eu si peu de chance avec notre premier petit garçon ?

- Je ne sais pas, ma fille. Je t'en prie, fais comme moi, reprends goût à la vie pour Marie. Cela n'effacera pas ta douleur, mais t'aidera à la supporter. Tout doucement elle s'atténuera et tu réussiras à vivre avec elle. Tu es jeune et comme moi, tu auras peut-être un jour un autre garçon dont vous serez fiers et que vous aimerez.

Marie revient tout excitée.

- Mémé Julie, comme ils sont beaux les petits lapins ! Il y en a un tout noir et un autre tout blanc avec juste une petite tache sur une oreille. Les autres, les deux couleurs sont toutes mélangées. Léon en a pris un et me l'a mis dans les mains. Ses poils sont doux et j'ai aimé le caresser.

- Ta maman a bien fait d'attendre pour venir, car si vous étiez venues plus tôt, ils n'étaient pas encore nés, tu ne les aurais pas vus.

- Dis maman, je peux en avoir un ? Je voudrais l'emporter tout de suite.

- Pour l'instant il se nourrit en tétant le lait de sa mère. Tu dois patienter et tu pourras en avoir un dès qu'il sera capable de manger de l'herbe ou des carottes. Tu peux en choisir un maintenant si tu veux, et promis, je te le garderai.

- C'est vrai, mémé Julie ? Alors, viens avec moi, je vais te le montrer tout de suite.

Blanche les avait suivies et les regardait avec tendresse, touchée de les voir ensemble si complices en cet instant. Elle sentait l'hésitation de Marie acculée à faire un choix. En fait, elle les trouvait tous beaux. Julie attendait patiemment, profitant pleinement de ce moment partagé avec sa petite-fille. Finalement, Marie s'écria :

- Je vais prendre le noir.

Et Julie lui dit :

- Tu en es bien sûre ? Dis-moi, pourquoi tu choisis celui-là ?

- Parce qu'il est tout seul avec les autres qui ont tous du blanc.

- C'est bien vrai, je te comprends. Tu as fait un très bon choix.

Mère et fille, après le bon goûter de mémé Julie, lui promirent de revenir bientôt. Blanche réalisait tout le bien ressenti au contact de sa mère. Elle n'avait jamais eu autant besoin de son soutien. Cependant il était tard et il leur fallait rentrer.

De nouveau proche de sa mère et de ses sœurs, les visites avaient repris le plus souvent possible. Rose était enchantée et utilisait tout son savoir pour confectionner de jolis vêtements pour Marie. De son côté Julie n'avait jamais cessé de tricoter chaussons et chaussettes pour des petits pieds qui grandissaient vite. Très entourée, Blanche se remettait tout doucement et commençait à reprendre goût à la vie. Elle était contente de s'être rapprochée de sa famille, car elle souffrait de voir son Eugène lui faire des infidélités avec une jeune blonde qui habitait juste en face de leur maison. Bien pratique, seule la rue à traverser, et

Eugène ne s'en cachait pas et ne s'en privait pas. Pas besoin de larmoyer, il ne supportait pas. Au fond d'elle-même Blanche se sentait fautive car elle était devenue triste et peu réceptive aux élans de son mari.

Eugène, contremaître maintenant depuis plus de trois années et enrichi par cette expérience, avait acquis de l'assurance. Il songeait sérieusement à prendre la direction de la carrière familiale. Pour lui, l'exploitation végétait, ne progressait pas et fonctionnait dans l'attente de clients. Ayant beaucoup réfléchi, il avait des idées pour diriger l'affaire et en augmenter les revenus. Ses frères l'accepteraient et seraient obligés d'être d'accord ou, s'ils n'étaient pas contents, ils seraient libres d'aller chercher du travail ailleurs.

Sans être de grands amis, il connaissait bien Arthur Maton, le mari de sa sœur Aline, qui travaillait à la carrière familiale depuis plusieurs années. Se rencontrant aussi chaque semaine lors des répétitions à la fanfare municipale, tous deux avaient sympathisé. Eugène le considérait comme quelqu'un de sérieux qui, en son absence, pourrait le remplacer et superviser l'exploitation. Afin de développer l'affaire, ce dernier allait devoir prospecter sur le département et visiter les maires des communes. Toutes avaient des kilomètres de chemin à empierrer et besoin de pavés ou de bordures de trottoirs pour créer des passages pour les piétons. Après quelques jours successifs de grosse pluie, les gens pataugeaient dans la boue.

La carrière était de taille modeste. À peine dix personnes y travaillaient journellement. L'activité était entièrement manuelle. Les blocs de pierre étaient détachés de la paroi rocheuse par explosion. À l'aide d'une barre à mine et de coups de masse, le calcaire était percé en profondeur. Les bâtons de dynamite étaient ensuite introduits et reliés à un cordon spécial qui servait de mèche. Celui-ci était déroulé sur environ une centaine de mètres. Une fois allumé, l'ouvrier avait le temps de s'éloigner encore davantage. La projection de morceaux de pierre restait évidemment dangereuse pour toute personne située trop proche du lieu de l'explosion. Les explosifs étaient inaccessibles et bien verrouillés sous clef, très sage mesure de précaution.

Le travail consistait ensuite à casser les blocs et en faire des pavés grands et petits, et des bordures de trottoir. Les outils employés à cet effet étaient la masse, un énorme marteau à très grand manche, des burins d'acier, sorte de ciseaux sans cesse aiguisés, de nombreux marteaux différents en dimensions et en poids, spécifiques à la taille de la pierre. Les nombreuses chutes, morceaux calibrés grossièrement, servaient surtout à l'empierrage des chemins.

À Godin l'exploitation était plus importante. Un concasseur avait été installé voilà quelques mois ce qui permettait de fournir différents calibrages. Le plus petit appelé mignonnette ou gravillon, enrobé de goudron était utilisé en revêtement des routes.

Eugène ne rêvait pas. Pour atteindre un tel niveau il faudrait déjà, après sondage, acheter des terrains pour lui permettre d'agrandir son exploitation. Dans l'immédiat cela lui était impossible. Il avait, toutefois, quelques idées pour améliorer le rendement, diminuer la pénibilité des ouvriers et augmenter les profits.

Contrairement à son père, un des petits-fils de la veuve Berlaimont, semblait porter davantage d'intérêt à la carrière. Son cycle d'études terminé, il ne souhaitait pas aller au-delà et voulait s'initier au fonctionnement des affaires familiales. Sa grand-mère était ravie et avait demandé à Eugène de le prendre en charge. Une augmentation de salaire lui était accordée en fonction de ce surcroît de travail. Le jeune, attentif et intelligent, apprenait avec célérité les rudiments du métier, mais il avait besoin d'un peu plus d'autorité auprès des ouvriers. Sa jeunesse ne l'avantageait pas dans l'immédiat. Eugène lui avait promis de rester le temps qu'il faudrait et lorsqu'il partirait, de continuer à le seconder en cas de difficulté rencontrée avec son remplaçant, le nouveau et futur contremaitre.

Eugène pensait avoir devant lui encore quelques bonnes années avant que le jeune remplace sa grand-mère. Celle-ci était tout à fait exceptionnelle et, dans la région, la seule exploitante à la tête d'une entreprise. Ce fait était en effet rarissime à cette époque où les hommes régnaient en maîtres. Dans l'instant présent, sa position lui permettait de bien gagner sa vie et de pouvoir avancer dans les travaux de sa construction. De son côté Blanche, peu dépensière et très raisonnable, se débrouillait toujours avec l'argent qu'il lui donnait, sachant pertinemment la nécessité de réduire au mieux les dépenses pour payer le coût de leur maison.

# 4

Cette fois, la nouvelle excuse de l'expatriation d'Henri était certes bien différente.

Très intéressé et curieux de voir de près l'exploitation de la mine, Henri avait découvert le travail ardu et pénible des ouvriers qui, par un sentier étroit et pentu, devaient remonter le minerai jusqu'au lieu de chargement. De cet endroit il était acheminé ensuite vers la mer et transporté par bateau jusqu'à Nouméa où il était traité pour en extraire le nickel.

Henri occupait ses moments de repos à bricoler et à réfléchir. Habile de ses mains il travaillait sur une plaque de bois de forme arrondie. À l'aide de son couteau de poche il avait déjà évidé au centre, sur deux millimètres de profondeur environ, un premier espace de forme ovale de la taille d'une petite photo. Il avait pris soin de garder quatre points placés en vis-à-vis destinés à maintenir la photo en place. Il ferait en dessous une entaille pour pouvoir introduire l'épaisseur du papier. De chaque côté, au crayon noir, il avait tracé deux espaces plus petits de la taille d'un médaillon et le cinquième se trouvait juste sous la partie creusée centrale. Son idée était de réaliser un cadre avec au centre la photo de Julie entourée de celles de leurs cinq enfants. À l'abri de la poussière, toutes sommeillaient au fond d'un tiroir dans sa chambre. L'ameublement très succinct comportait un lit en fer, un placard, une table et une chaise. Juste le nécessaire pour contenter un homme très peu exigeant dans ce domaine.

Henri regardait souvent ces photos, maintien précieux du souvenir de chacun d'entre eux. Il ne regrettait pas cette dépense faite juste avant son départ afin de ne pas oublier leurs visages, leurs sourires un peu figés d'enfants intimidés à la prise du cliché. Sans doute, à son retour, aurait-il un peu de mal à les reconnaître, surtout le petit Léon, un bien joli bébé qui ne marchait pas encore quand il l'avait quitté. Difficile de l'imaginer en petit garçon. Rose et Marthe seraient devenues des jolies jeunes filles, et son fils Henri un bel homme. C'est bien lui qui me ressemble le plus, se disait-il avec un peu de nostalgie. Certains jours, sa famille lui manquait davantage et il s'endormait en pensant très fort à eux.

En France Henri, resté employé d'un patron peu de temps, s'était installé malgré les difficultés, réussissant à réaliser son rêve de créer sa propre entreprise. Chef menuisier, il avait su établir d'excellentes relations auprès de ses collègues artisans comme lui et également avec ses ouvriers. Il avait formé la plupart d'entre eux pour ne pas dire tous.

Sa vie avec Julie avait été agréable et il lui tardait de la retrouver. Certes, depuis l'arrivée de leurs enfants ils formaient une grande famille, mais, comme beaucoup de couples, ils n'avaient pas réussi à limiter les naissances. La nature était là et seule l'abstinence permettait de la contrôler. Tous deux s'aimaient et, même si elle n'était pas prévue et désirée, ils n'ont jamais regretté la venue d'un autre enfant. Sans s'être enrichi Henri ne pouvait se faire des reproches, ayant toujours pourvu à l'essentiel de leurs besoins.

Seul le soir, au coucher, il se laissait emporter par ses pensées, jamais survenues lorsqu'il se nichait dans le lit près de Julie. Bien souvent la fatigue les entraînait sans crier gare dans un profond sommeil.

À des milliers de kilomètres, Julie de son côté s'interrogeait sur la véritable raison qui retenait Henri loin d'elle. Le travail, toujours le travail, n'y avait-il pas tout autre chose ? Inquiète et fragilisée par les soucis permanents, elle se demandait parfois si sa faiblesse d'un soir n'était pas la cause réelle de ces reports successifs. Henri a bien des défauts parfois difficiles à supporter comme son entêtement jusqu'à refuser tout bon sens. Mais il n'est pas idiot, ses réflexions à la naissance de Léon et le jour de son départ, où il trouvait curieuse la couleur des yeux et des cheveux de ce petit dernier, différente de celle de ses autres enfants. La faisait-il souffrir pour la punir de cet instant d'égarement ?

Elle n'avait vraiment pas eu de chance, car ces quelques minutes de faiblesse sans lendemain n'auraient jamais dû avoir une telle conséquence.

À cette époque, à la suite de son erreur, Henri s'était imposé un rythme de travail démesuré. Totalement épuisé, pendant de longs mois il avait négligé Julie, incapable sans doute de la satisfaire. Vexé et atteint dans son orgueil de patron, il était devenu irascible et absent. Entièrement indifférent à ses proches, il pensait avant tout à rembourser ses dettes.

Julie avait essayé vainement de l'aider, ne lui reprochant rien, mais au contraire l'assurant de son soutien. Ils allaient se battre, s'en sortir et faire face ensemble aux difficultés présentes. Elle se souvient très bien de ces mois difficiles à vivre et de son impuissance à le retenir. Elle ne pouvait qu'accepter son départ, parfaite solution pour les dégager rapidement de leur pénible situation.

Après avoir observé plusieurs fois les mineurs qui peinaient à remonter le minerai, certains soirs Henri réfléchissait et cherchait de quelle manière il lui serait possible de soulager ces hommes. Il mit quelques semaines avant de trouver peut-être une solution. Il lui faudrait fabriquer une sorte de godet en bois qui serait, à l'aide de poulies, hissé vers le haut. Pour obtenir un bon rendement il serait nécessaire d'en avoir plusieurs, et pour faciliter la montée ce serait bien de les faire glisser sur un plancher en pente inclinée.

L'idée lui était enfin venue, mais, avant d'oser en parler aux ingénieurs, il devait déjà fabriquer un premier godet. La partie mécanique ne le concernait pas, le problème lui semblait compliqué. Il se sentait capable d'installer une poulie et de remonter à l'aide d'une manivelle un seau du fond d'un puits. Mais si son idée était retenue, les personnes qualifiées trouveraient le système de fixation des godets sur un axe pour les basculer et les vider directement dans le véhicule de transport.

Henri se posa des questions d'ordre technique et étudia avec beaucoup d'attention, à l'aide de nombreux croquis, son projet de godet avant de le réaliser. Celui-ci devrait être bien équilibré et résistant, pas vraiment d'une très grande taille compte tenu du poids à transporter. Il suffirait de solutionner par le nombre pour régler le problème de quantité. Il était conscient d'avoir acquis, pendant son tour de France comme compagnon, de très nombreuses connaissances souvent peu utilisées dans son travail de fabrication de portes, de fenêtres et de charpentes.

Dès que son godet fut prêt, il fit part de son projet aux ingénieurs de la mine qui ne lui semblèrent pas, sur le moment, très enthousiastes.

- En effet, l'idée en soi n'est pas bête, dirent-ils, mais pour la mettre en place il nous faut d'abord l'étudier.

Henri n'en espérait pas davantage. Plusieurs semaines passèrent sans la moindre allusion à l'étude de son projet, si celle-ci existait vraiment. Son choix était d'attendre patiemment sans poser de questions.

Puis un jour, les ingénieurs le convoquèrent dans leur bureau. À sa grande surprise, Henri suivit du regard d'innombrables dessins et plans dont se trouvaient tapissés les murs. Il constatait le travail des ingénieurs et regardait de près l'évolution de sa petite invention.

Interrogé au sujet des différents problèmes techniques Henri ne pouvait répondre, si ce n'était dans son domaine où il annonçait les limites de résistance du bois à ne pas dépasser.

Tous travaillaient en bonne entente et, au fur et mesure de l'avancée de leurs travaux, ce projet leur paraissait tout à fait réalisable. Un problème résolu, un autre surgissait tout aussi complexe, mais, les solutions étaient toujours trouvées, après mûre réflexion et moult calculs.

Il n'était plus question de retour en France, il lui fallait terminer avant tout ce travail si, toutefois, il devenait réalité. C'était, sans doute, l'affaire d'un an ou deux, tout au plus, et son augmentation de salaire, tout à fait imprévue, était la bienvenue pour réussir enfin à solder sa dette. Économiser devenait maintenant possible, quant à envisager la suite, il avait le temps d'y penser.

Enfin, après plusieurs mois d'étude du système de remontée mécanique, de fixation des différents éléments et la fabrication de trois godets légèrement modifiés, un premier essai eut lieu, avec succès, sur une longueur de quinze mètres.

L'installation beaucoup plus conséquente sur une hauteur de trente mètres demanda de gros travaux de structure et de mise en place. L'ouvrage terminé s'étalait sur une longueur d'environ cent mètres et fonctionnait avec une douzaine de godets.

Ingénieurs et ouvriers, tous étaient satisfaits du succès de ce projet. Ensemble ils trinquèrent à leur santé pour fêter l'événement. Les discussions allaient bon train entre les créateurs, les techniciens et Henri félicité pour son idée. Tous avaient repéré les petits défauts et proposaient déjà des solutions pour améliorer le système mis en place. La direction avait donné son accord pour un essai et comme ce dernier était concluant, des fonds seraient débloqués sans problème. En effet, pour toute entreprise, efficacité et rentabilité sont les mots clés de la réussite.

L'acheminement du minerai sur le terrain plat du fond de la mine certes restait pénible, mais les hommes souffraient moins de grande fatigue et leur capacité de travail, devenue meilleure, était assortie d'un rendement plus satisfaisant.

Au cours de cet exil indéfini Henri, prétentieux et têtu, ne tenait pas compte de l'avertissement de Julie. Plusieurs fois dans l'année il continuait à lui écrire, persuadé qu'il réussirait à la faire fléchir. C'était bien mal la connaître. Les enfants ne découvriront jamais l'existence de ses lettres et n'apprendront pas davantage avec quelle insistance leur père les aura réclamés. Julie prendra seule sa décision et évitera, en les laissant dans l'ignorance, de subir leur influence s'ils avaient été désireux de revoir leur père. Ce risque était bien faible. Henri, son fils aîné, avait terminé son apprentissage et, amoureux de sa Lucie, ne parlait jamais de son père. Marthe n'avait qu'un vague souvenir et avait cessé depuis longtemps de le réclamer. Léon, bébé lors du départ d'Henri n'en avait aucun, seule Rose aurait pu tenter de l'influencer, mais là aussi, cette trop longue absence ne jouait pas en faveur de ce père attendu en vain.

Henri avait fini par se plaire et aimer son lieu de vie. Chaque soir ou presque il l'avait regardée, cette anse magnifique aux eaux changeantes selon les heures. Jamais la mer ne lui était apparue terne et boueuse comme la rivière de son village après un gros orage. La crête des petites vagues scintillait au soleil couchant. Il ne se lassait pas d'admirer ses reflets sur les deux îlots situés au centre de la baie qui, en fin de journée, se coloraient de tons mordorés pour atteindre, après les orangés, un rouge profond et éclatant. Le ciel peu à peu s'enflammait, offrant une image grandiose de l'infini.

À l'ouest, une rangée de pins colonnaires (*Araucaria columnaris*), si élégants avec leurs branches espacées, rectilignes et horizontales, s'étendait jusqu'en bordure de mer. Les arbres se détachaient telles des ombres chinoises sur fond d'incendie, image féerique sans cesse renouvelée en fin de journée.

Certains soirs Henri, un peu plus nostalgique, se disait qu'il devait profiter au maximum de cet endroit merveilleux et idyllique. Il le regardait avec insistance, souhaitant l'imprimer dans son cerveau en espérant le conserver à jamais.

Avant de quitter cet emploi définitivement, il lui restait quelques petits travaux de finition à terminer. La réalisation d'un projet de longue date devait également aboutir avant de rejoindre la ville.

Au fil du temps il avait fini par sympathiser avec un ingénieur et quelques employés du bureau d'études. Aidé de ses compagnons, il avait fabriqué un radeau, curieux d'aller visiter l'îlot Casy si proche du rivage qu'il semblait accessible à tout bon nageur. Aucun d'entre eux n'avait tenté de faire la traversée, ne sachant pas très bien nager. Le manque d'expérience et une bonne dose de paresse les avaient entraînés à refuser l'invitation de la mer qui leur tendait les bras. Par beau temps elle était plus calme que l'eau de la rivière ou de l'étang où ils aimaient s'égayer quand ils étaient enfants. Henri, quant à lui, ne craignait pas l'eau et le bain, mais il n'avait jamais eu l'occasion d'apprendre à nager. Il avait, tout au plus, côtoyé la rivière qui coulait tranquillement à travers champs, à la recherche de truites - ce qui se limitait, pour lui, à un bon bain de pied rafraîchissant.

Ce radeau d'aspect rustique, construit de façon très solide, pouvait leur permettre par temps calme de faire la traversée sans danger. L'accès à l'île Ouen, plus grande et plus lointaine, avait lieu régulièrement par bateau depuis Nouméa.

Dans cette région du sud de la Grande Terre les Kanaks se déplaçaient à l'aide de pirogues à balancier, creusées dans le tronc du *kaori*. Rapides et habiles ils naviguaient pour aller pêcher différentes sortes de poissons et relever leurs nasses où s'ébattaient crabes et langoustes. La pêche qui avait lieu au large était pratiquée par des hommes de métier, des marins pêcheurs.

Lors de la première mise à l'eau du radeau, Henri s'éloigna du rivage accompagné de ses trois amis, tous munis de rames. Ils firent un tour dans la baie à l'abri du vent et par beau temps. Tout se passa très bien et contents de cette première sortie, la traversée fut décidée. Ils attendraient d'avoir la même journée de repos pour satisfaire leur envie.

Le jour venu, tous quatre avaient rajeuni, pour un instant, d'un bon nombre d'années. Tels des écoliers partant à l'aventure, ils se réjouissaient de faire cette escapade. Ils contournèrent la petite île, cherchant un lieu propice pour accoster. Recouverte en totalité d'une végétation abondante et envahissante, totalement inhabitée, ils s'installèrent pour se reposer et se restaurer sur une minuscule parcelle de sable après avoir pris soin d'attacher leur radeau. S'ensuivit une bonne sieste et bien reposés, ils se préparèrent à refaire le trajet en sens inverse, aidés par la marée montante qui les poussait vers le rivage.

Soudain, des vaguelettes se formèrent sur l'eau devenue frémissante et un bruit sourd et discontinu se fit entendre. Intrigués, nos quatre amis décidèrent de rentrer rapidement. Un magnifique ciel bleu sans nuages ne signalait pas le risque d'un orage, mais peu aguerris à la navigation sur leur embarcation, tous étaient bien décidés à jouer la prudence. Ils s'étaient éloignés de quelques centaines de mètres de l'île lorsqu'ils aperçurent à l'horizon quelques baleines à bosse. C'était donc la saison où celles-ci remontaient de l'Antarctique pour échapper aux eaux froides et mettre bas dans les eaux douces de la baie de Prony. Le spectacle était magnifique : ces mammifères marins surgissaient et replongeaient de suite en projetant une gerbe de gouttelettes brillantes sous le soleil. En raison de la distance lointaine du lieu de leurs ébats la répercussion des remous de l'eau était faible à leur niveau. Leur retour se fit sans problème, tous très heureux d'avoir vu, pour la première fois, ces énormes cétacés.

À cette époque la présence d'artisans qualifiés de tous les corps de métier était faible à Nouméa et dans toute l'île. Les Kanaks cultivaient la terre et vivaient en brousse dans des cases traditionnelles principalement au nord et à l'est. Les forçats étaient regroupés dans des camps sur l'île Nou très proche de la Grande Terre et sur l'île des Pins.

En 1863 la Nouvelle-Calédonie est devenue le premier lieu de transportation avec l'arrivée le 9 mai 1864 d'un convoi de 250 forçats sur le bateau *Iphigénie.* Ce terme de transportation signifiait un système pénal impliquant le transport des condamnés aux travaux forcés dans un lieu lointain afin d'y subir leur peine. Ce nom fut remplacé par la suite par le mot déportation avec la création d'un nouveau pays d'accueil, la Guyane.

Les condamnés furent employés aux travaux les plus pénibles de la colonie et à tout autre travail d'utilité publique. Il fallait, pendant les premières années, construire les infrastructures destinées à accueillir la transportation sur l'île Nou : bâtiments des condamnés, logements des fonctionnaires, prison, hôpital, magasins ateliers. Ces travaux seront effectués durant une quinzaine d'années. Ils se prolongeront ensuite, pour l'installation des déportés, au sud-est de la Grande Terre, à environ 70 kilomètres de distance, sur l'île Kunié boisée de cocotiers et de pins colonnaires, également nommée l'île des Pins.

Des Français communards, des Berbères d'Algérie, des Kanaks de la Grande Terre y seront exilés. Et pour y construire les bagnes, c'est par tribus entières que l'administration coloniale chassera le peuple Kunié de ses terres.

Le savoir-faire des déportés était aussi sollicité pour les nombreux chantiers de la ville, bien qu'officiellement ils ne soient pas astreints au travail. Peu d'entre eux refusèrent, préférant l'occupation à l'inactivité. Pendant une dizaine d'années environ, cette main-d'œuvre pénale sera prêtée gratuitement. Ensuite la Pénitentiaire instaurera une redevance de 50 centimes par jour et par personne pour couvrir une partie des dépenses d'entretien des bagnards.

Ces derniers édifièrent les principaux bâtiments publics : les hôtels du gouverneur et des chefs d'administration, la caserne de gendarmerie, les logements pour les officiers et les fonctionnaires et l'hôpital militaire. D'autres édifices suivront tels que la cathédrale, le temple protestant, le lazaret, et aussi l'évêché. Tous ces hommes participeront également à la construction de l'école primaire, du magasin central, et à l'aménagement du grand quai. Cette main-d'œuvre, un temps gratuite et ensuite peu coûteuse, participera grandement au développement de la ville. À son arrivée Henri avait découvert la ville de Nouméa dotée de tous ces bâtiments. Les tout derniers déportés furent employés comme bûcherons dans les forêts ou encore comme manœuvres pour l'aménagement des routes et continuèrent à participer au développement de l'île.

Au début de son séjour, Henri avait assisté au dernier arrivage de ces condamnés.

Louise Michel, cette jeune institutrice qui avait pris part activement à la Commune en 1871 fut déportée à l'île des Pins en 1873.

La plupart de ses compagnons restaient focalisés sur leur combat idéologique, ne prêtant pas attention à leur terre d'exil et à ses habitants. Louise Michel, au contraire, fut fascinée par la nature tropicale et le peuple mélanésien, *ses amis Noirs* comme elle les appelait dans ses lettres à Victor Hugo.

Ayant ses diplômes d'institutrice, elle obtint de quitter le bagne pour aller enseigner à Nouméa. Elle eut d'abord comme élèves les enfants des déportés avec quelques autres de la ville.

Monsieur Simon, le maire, lui confia ensuite, pour le chant et le dessin, les écoles de filles. En soirée, elle donnait aussi un assez grand nombre de leçons privées. Elle avait songé, parait-il, à s'installer dans une tribu kanake, mais elle rentra en France après l'amnistie de 1880.

Pendant ses années de déportation à *l'île des Pins*, elle va côtoyer des transportées condamnées aux travaux forcés, des déportées comme elle, coupables de crimes politiques, des reléguées, des récidivistes voleuses et vagabondes.

Ces dernières seront doublement exploitées et profitables par leur travail forcé au bagne et l'utilisation de leur corps. Éléments fondamentaux de la colonisation, ces femmes envoyées dans des terres lointaines pour être punies, furent surtout fournies comme du bétail dans le but de les marier aux déportés, pour procréer et peupler. La relégation, établie par la loi du 27 mai 1885, consistera dans l'internement perpétuel de ces condamnées sur le territoire des colonies, afin de les éloigner définitivement de la France.

Dans une lettre à sa mère, Louise Michel expliquera les énormes difficultés dues à l'arrivée de ces pauvres femmes. Rien n'avait été correctement prévu pour les accueillir. « *Le logement était très bien pour les 52 premières, on a encore partagé avec les 24 suivantes, arrivées sur le* Saint-Nazaire, *en les entassant beaucoup. Mais lorsque les 60 attendues arriveront, impossible de placer un lit de plus.* »

Peupler les colonies restait un problème difficile à résoudre. L'État français avait alloué des subventions et des conditions très alléchantes pour attirer des hommes entreprenants. Mais la plupart du temps, l'épouse bien éduquée, issue de famille bourgeoise, peu aventureuse, refusait de suivre son mari dans les colonies. C'étaient donc presque toujours des jeunes hommes célibataires, grandement attirés par l'espoir de faire fortune qui, se lançant dans l'aventure, s'exilaient pour plusieurs années. Ensuite, enrichie ou pas, une grande majorité de ces jeunes colons s'empressait-elle de rentrer en France.

# 5

Après le départ de Blanche et Eugène, Julie avait trouvé à louer le logement utilisé autrefois par les apprentis, indépendant par son accès direct avec l'escalier extérieur. Sa locataire était une jeune femme charmante, aimable, toujours prête à rendre service à tout le monde. Aussi Julie n'avait-elle aucune raison de s'en plaindre. Ce modeste revenu était toutefois le bienvenu.

Julie voyait peu sa locataire qui partait tôt chaque matin pour aller à la ville voisine où elle était employée. Tout se passait bien, mais au bout de quelques mois, Julie qui avait gardé des traces de l'éducation reçue des religieuses, s'interrogeait et se posait un véritable cas de conscience. Elle s'était aperçue que la jeune femme était visitée plusieurs fois par semaine par son amant, un employé des chemins de fer. Elle n'avait pas envie de perdre ce gain, si faible soit-il, mais n'était-elle pas un peu complice en facilitant cette situation ?

Elle prit donc la décision d'aller en parler au curé de la paroisse, le mieux placé dans son esprit pour lui porter conseil. Elle le connaissait bien ce vieil homme installé au village depuis plus de trente ans. Un peu rubicond et fortement bedonnant, il faisait malgré tout l'effort de visiter, une fois par an, ses paroissiens. C'était sa façon de remercier les familles qui lui fournissaient, une à deux fois dans l'année, le panier garni qui lui permettait de se nourrir toute la semaine. À la cure, sa bonne en profitait également, mais elle était tellement menue que tous pensaient qu'elle avait un appétit d'oiseau. Parfois vous pouviez entendre ce genre de réflexion :

- Vous avez vu la Justine, y'en a vraiment point. Elle ne fera pas de vieux os.

- Vous l'avez bien dit, ça c'est sûr.

Mais ce refrain était le même depuis des années et la Justine était toujours là.

La porte sur le côté étant ouverte, Julie se dirigea vers l'église pensant y trouver le curé. Occupé à ranger les livres de prières, il la vit s'approcher.

- Bonsoir Julie, qu'est-ce qui vous amène à cette heure ? Vous ne devriez pas être en train de faire chauffer la soupe ?

- Bonsoir monsieur le curé, je sais il est un peu tard, mais je n'en ai pas pour longtemps.

- Dans ce cas, dites-moi vite ce qui vous tracasse !

- Vous savez que je loge une jeune femme très gentille dans ma maison et sans doute également, qu'elle y reçoit son amant. Ce n'est pas bien, je sais, aussi je me sens un peu responsable et complice en ne lui interdisant pas ces visites. Cependant, ce petit revenu m'aide et j'aimerais bien pouvoir le garder.

- Déjà vous n'êtes en rien responsable des actes de cette personne. De plus vous faites une bonne action en aidant une pauvre fille à se loger. Quant au reste, seul Dieu y pourvoira. Partez en paix Julie et bonne soirée.

- Merci, monsieur le curé, j'avais besoin d'être rassurée.

Tranquillisée, Julie se sent soulagée et dégagée de toute responsabilité. Dans ce cas, la bénédiction du curé lui sied à merveille. Son problème de conscience s'est envolé et s'est évanoui dans la nature. Un souci de moins, cela fait vraiment du bien. Ce soir elle pourra s'endormir, détendue et sereine.

Son fils Henri, menuisier confirmé et absent depuis quelques mois, faisait son service militaire. Julie le trouvait beau dans son uniforme de soldat et lui avait demandé de se faire photographier. Elle se contentait de recevoir une carte postale de temps en temps. La dernière arrivée était gardée précieusement. Elle représentait tout le régiment défilant dans une rue de la ville. Un officier à cheval marchait en tête et seuls quelques hommes étaient reconnaissables. Henri en faisait partie et était bien visible, se trouvant dans les tout premiers rangs. Il avait encadré son visage d'un trait de crayon. Au dos de la carte, il avait écrit dans un style un peu maladroit :

*Chère mère. Je t'envoie deux mots pour te dire que je suis en bonne santé. Je compte aller dimanche en permission, mais je ne pourrai aller jusque-là. Car ce sera trop court, mais à ma rentrée j'irai vous voir. Je vous envoie une carte dont je suis dessus j'aurais voulu en avoir pour tout le monde, mais il n'y en avait plus. Le bonjour à tous. Léon, s'il veut venir me voir dimanche qu'il vienne du matin car nous serons là jusqu'à quatre heures. Je vous embrasse tous et à bientôt.*

*Henri.*

À son tour, après Blanche, le jeune Henri allait profiter d'une autre permission pour épouser en novembre 1908 Lucie qui attendait leur premier enfant. La petite Denise allait naître un mois plus tard le 31 décembre à minuit cinq minutes selon la déclaration faite par son père le lendemain à 7 heures du soir. Lucie avait juste dix-huit ans et allait rester chez ses parents en attendant le retour de son mari. Celui-ci devait bientôt en avoir terminé avec son temps de formation à l'armée, et désirait habiter ensuite sur son lieu de travail, dans un village proche de Saint-Hérilay. Julie était privée de visite de son fils, mais elle comprenait très bien qu'il réservait son temps de repos à sa jeune épouse. Elle était heureuse d'être à nouveau grand-mère.

Sans aucun doute, Julie espérait et aurait aimé que son fils reprenne un jour l'atelier, mais Henri n'avait pas l'ambition de son père. Il préférait travailler chez un patron et s'éviter bien des soucis. Trop jeune pour être conscient des nombreuses difficultés vécues et supportées par ses parents, leur exemple, terminé en échec, avait dû le faire réfléchir. Devenu adulte, il se rendait compte des problèmes, toujours existants, affrontés sans cesse par sa mère. Il ne voulait surtout pas se retrouver dans les dettes. Lucie était couturière et gagnait de son côté. À ses yeux elle était parfaite, économe, habile dans son métier, peu exigeante. Elle n'enviait pas et ne rêvait pas de devenir une grande bourgeoise, elle aimait vivre simplement. Pour elle, avoir un bon mari, gentil et courageux, de beaux enfants en parfaite santé, cela suffisait amplement à son bonheur.

Chez Julie, mis à part le drame vécu par Blanche, la vie s'était passée sans heurt au cours de ces deux dernières années. Léon avait terminé l'école, ayant obtenu de justesse son certificat d'études. Sa mère voulait le placer, comme son frère et selon son désir, comme apprenti chez un menuisier installé dans la ville voisine. Léon lui avait dit :

- Tu sais, maman, je ne veux pas être charpentier comme mon père et mon frère. Je veux apprendre à faire des meubles, utiles dans les maisons et beaux à regarder.

- C'est également un très bon métier. Je vais me renseigner et je pense déjà avoir trouvé. Je connais un excellent artisan, tout près de chez nous et je vais lui demander de te prendre en apprentissage. J'espère qu'il t'acceptera.

- Tu pourrais aller le voir demain ?

- Tu m'as l'air bien pressé, tu viens juste de quitter l'école. Tu n'as pas envie de prendre quelques jours de vacances ?

- J'aimerais bien, mais, si le menuisier a besoin d'un seul apprenti, la place sera prise si tu tardes trop.

- Tu as sans doute raison, j'irai le voir dès demain matin. Voilà, tu es content ?

- Oui, merci maman. Je peux rejoindre Charles ? il veut me montrer le poulain qui est né hier soir.

- D'accord, mais tu ne restes pas. Il y a du bois à rentrer et j'ai besoin de ton aide.

Soudain Julie se souvenait de Léon bébé, assis près de sa commode, il ne marchait pas encore, qui caressait de ses mains potelées le bois, lisse, doux et brillant. Il restait là pendant qu'elle refaisait son lit et grognait toujours quand elle l'arrachait à ce petit plaisir. Choisit-on vraiment un métier, se disait-elle, ou est-ce une attirance inconsciente et naturelle qui nous pousse et détermine notre préférence ? Elle n'avait pas vraiment de réponse à sa question, mais elle était heureuse d'avoir des fils qui eux savaient ce qu'ils voulaient exercer comme métier.

Comme elle l'avait promis, elle rendit visite au menuisier, tôt le matin suivant. Par chance il était chez lui et l'accueillit aimablement.

- Bonjour Madame. Que me vaut votre visite si matinale ?

- Pardonnez-moi, mais je craignais que vous soyez parti. Je viens vous demander si vous pourriez prendre mon fils cadet en apprentissage.

- Cela se pourrait, mon apprenti vient de finir sa formation, il y a donc une et une seule place à prendre. Vous êtes la première à me la demander.

- Ce serait donc possible ?

- Ma foi, oui. J'ai bien connu votre mari et, si votre fils ressemble à son père, je pourrai en faire quelque chose.

- Je vous remercie, vous me faites vraiment plaisir.

- Doucement, ne vous emballez pas. Je le prends à l'essai pendant un mois ou deux. Seulement après, je vous dirai si je le garde. Je lui laisse une semaine de vacances pour lui permettre de finir vos petits travaux, si cela vous convient. Dites-lui que je l'attends, le 4 du mois prochain.

- D'accord, c'est parfait et encore merci pour lui.

Julie était toute contente et fredonnait sur le chemin du retour. Elle allait faire la leçon à Léon et lui dire qu'il avait de la chance. À lui de la mériter et surtout de la garder. Il devrait se montrer docile, attentif et faire le mieux possible. Jugé sur son attitude et son travail, le menuisier ne le garderait pas plus des deux mois d'essai s'il pensait que son apprenti n'était pas fait pour ce métier.

Elle était reconnaissante à cet homme délicat qui s'était bien gardé de lui poser des questions sur Henri, son époux.

Léon l'attendait avec impatience.

- Alors, j'ai la place, maman ?

- Une minute, je n'ai même pas eu le temps de retirer mon manteau. J'ai besoin de boire un verre d'eau, après je t'expliquerai et te raconterai notre entrevue.

- Maman, je t'en prie, c'est trop long, je voudrais savoir.

Julie n'était pas mécontente de traîner un peu et de se faire désirer. Elle raconta en détail son entretien et fit ses recommandations à Léon. Celui-ci l'avait écoutée sans l'interrompre et termina leur conversation :

- Tu sais, maman, je suis bien content et je peux me passer de vacances et aller travailler dès demain.

- Non, ce n'est pas prévu et tout va bien comme cela. Je ne te demande que deux choses, être sérieux et obéissant. Pour le travail, si tu es doué et que tu aimes ce que tu fais, tu apprendras vite, j'en suis certaine.

Julie n'avait pas été déçue, mais était au contraire très satisfaite. Léon avait fait preuve de bonne volonté et d'habileté. Son fils n'avait rien dit de son temps passé dans l'atelier de son père où il avait acquis les premiers gestes au contact du bois. Le premier trait de scie, la position des mains, la tenue d'un rabot, il avait observé et débuté avec le dernier employé de sa mère. Ses années d'apprentissage, passées agréablement, allaient bientôt se terminer. Son patron, le trouvant doué et habile, lui laissait déjà faire du travail de finition à la fois intéressant et délicat. Encore très jeune, Léon était fier de cette confiance qui lui était accordée.

Avant de partir, à son tour pour faire son service militaire, il avait encore devant lui quelques bonnes années. Il n'en avait pas vraiment envie, mais il remplissait toutes les conditions pour être enrôlé. Si seulement il avait eu cinq centimètres de moins, juste ce qu'il faut pour être refusé. En tout cas c'était la loi et impossible d'obtenir une dérogation, sauf pour raison valable. Il se consolait en se disant que c'était quand même mieux d'être en bonne santé.

Justine, fatiguée, avait décidé d'abandonner le repassage. Après des années d'expérience, Marthe était devenue experte dans son métier de repasseuse et reconnue comme la plus habile et la meilleure.

Julie était fière de sa fille qui, non seulement n'était plus à sa charge, mais l'aidait à survivre. Elle lui offrit une superbe pièce de fine toile destinée à servir de garniture de lit le soir de son mariage. La tradition de préparer son trousseau était respectée, même dans les familles les plus modestes. Les achats, débutés dès l'adolescence, s'échelonnaient sur plusieurs années. Marthe aimait broder pendant ses moments de repos. Jusque-là, elle avait marqué de ses initiales, au point de croix, une douzaine de torchons et six serviettes de table.

Elle avait choisi comme motif, pour sa garniture de lit, une jolie guirlande de fleurs partagée en son centre par un médaillon. Celui-ci était destiné à recevoir le chiffre des mariés composé de la première lettre de chaque nom de famille. Elle avait décidé de broder, dans chaque angle des taies d'oreiller, le même petit bouquet de roses assorti à ceux de la guirlande.

L'inscription de leur chiffre se ferait en dernier à quelques semaines du mariage. Tout en tirant l'aiguille elle rêvait de se confectionner aussi une pièce de belle lingerie pour sa nuit de noces. L'élu de son cœur, inconnu pour le moment, ne tarderait pas à se manifester, c'était du moins ce qu'elle espérait. Elle était jeune encore et sa mère lui disait souvent de ne pas se presser.

Julie s'inquiétait parfois de voir grandir ses enfants qui s'éloignaient d'elle, les uns après les autres, pour faire leur vie et créer une famille. Elle se sentait vieillir et craignait de se retrouver seule et sans compagnon. Elle n'osait l'espérer, mais si Léon, après son temps passé à l'armée faisait revivre l'atelier, quel bonheur ce serait de l'avoir près d'elle. Il deviendrait son bâton de vieillesse et elle se retrouverait en famille. La maison serait à nouveau pleine de vie, de bruits et de cris d'enfants. Elle prendrait la petite chambre au rez-de-chaussée, cela lui conviendrait bien, sans escalier à monter pour ses pauvres jambes qui avaient du mal à la porter. Julie rêvait aussi parfois à des jours meilleurs où, dégagée de tous soucis, elle pourrait enfin se reposer.

Rose n'avait jamais réussi à combler auprès de Julie le vide laissé par Blanche suite à son départ. Son caractère entier, autoritaire, peu facile et son manque de souplesse provoquaient de légers conflits avec sa mère et sa sœur Marthe. Il n'y avait aucune méchanceté de sa part et elle aidait en laissant la majeure partie de ses gains à Julie qui en avait grand besoin. Peu à peu elle se perfectionnait, travaillait plus vite et davantage. Adèle, après le temps de folie des fêtes, lui apportait assez souvent, chez Julie, des travaux de finition, ce qui lui permettait de gagner un peu. Avec les restes de tissus donnés par Adèle elle avait confectionné une culotte courte pour

Léon, une jupe pour Marthe, une robe et un manteau pour Marie. Cependant plusieurs années s'écouleront avant d'être reconnue comme bonne couturière et réussir à se faire une clientèle fidèle.

Au village peu de femmes avaient recours à ses services. Toutes savaient suffisamment coudre pour remettre en place un bouton, faire une reprise sur un vêtement de travail ou du linge de maison. Certaines allaient jusqu'à tenter de se faire un tablier, une jupe ou un autre vêtement. Elles profitaient souvent de l'occasion d'un mariage pour renouveler une robe ou un manteau. La majorité de ces paysannes dépendait de leurs maris, peu enclins à accepter des dépenses jugées inutiles.

Le prêt-à-porter n'existait pas encore, aussi tailleurs et couturières réussissaient-elles à gagner de quoi vivre à condition de faire un nombre conséquent d'heures de travail. Quelques années plus tard, lors de la Première Guerre mondiale, l'armée américaine devra habiller ses soldats dans des délais très courts. Les tailles seront standardisées afin de gagner du temps de fabrication et d'en baisser les coûts. Cette technique prendra alors le nom de « confection ».

Durant les années qui précéderont la Seconde Guerre mondiale, la confection représentera un quart de la production de vêtements, le reste sera fait à la maison, ou commandé chez le tailleur ou la couturière. Les clientes leur apporteront des magazines avec des modèles de grands couturiers parisiens. Dans le monde entier seront achetés des patrons appelés *toiles* en mousseline de coton et par la suite en papier permettant d'effectuer une copie. Après cette dernière guerre, ce sera l'âge d'or de la haute couture parisienne qui imposera sa tendance dans de nombreux pays.

Au début du XXe siècle, si la machine à coudre avec pédalier apportait un réel gain de temps il restait, néanmoins, les finitions faites entièrement à la main. Celles-ci comprenaient le surfilage du tissu le long des coutures pour tout vêtement sans doublure, la finition à petits points invisibles des ourlets, la broderie des boutonnières et la pose des boutons.

Pour les tenues de fête, les clientes exigeaient un travail encore plus minutieux. Il fallait exécuter des motifs décoratifs à l'aide de paillettes en strass qui, sous les lumières, brillaient d'un éclat trompeur. Une fantaisie plus discrète pouvait également être choisie, faite de minuscules perles de couleur assortie au ton du tissu. Chaque perle était cousue avec soin, proche l'une de l'autre, de façon à ne pas laisser voir le moindre bout de fil.

La passementerie, parfois entrelacée, ornait la bordure d'un col ou soulignait le décolleté de la robe. Chaque petit point, pour être le moins visible possible, demandait une très grande attention, beaucoup d'adresse et de patience.

Les lingères, elles aussi, passaient de nombreuses heures pour fixer avec délicatesse une dentelle de Calais ou une fine Valenciennes sur le satin souple et brillant ou mieux encore sur la soie. Véritable parure au charme irrésistible sur le corps de la femme pour le plaisir des yeux.

Les clientes avaient souvent des exigences pas toujours faciles à contenter, mais elles se heurtaient rarement à un refus. Elles savaient pertinemment combien il leur était possible, parfois en quelques mots, de détruire une réputation et une clientèle. Elles connaissaient la nécessité pour toutes ces couturières de préserver leur travail, leur seul moyen de subsister.

Une grande partie de la clientèle de Rose habitait la sous-préfecture voisine située à quelques kilomètres du village. Parmi ces femmes de notables ou de gros commerçants l'annonce de la découverte d'une nouvelle couturière, jeune et habile, s'était propagée rapidement. Le bouche-à-oreille avait fonctionné lors de dîners ou de toute autre occasion de rencontre.

La confection de tout vêtement nécessitait une première visite pour la prise des mesures, le choix du modèle, et parfois du tissu tous deux choisis sur échantillon et catalogue. Plusieurs essayages étaient nécessaires avant de terminer l'ouvrage et d'aller en faire la livraison. Peu de clientes venaient la voir chez elle et Rose devait se déplacer, toujours à pied.

Souvent de noir vêtue, chapeautée et suivant les saisons, en tenue légère ou emmitouflée dans un châle par-dessus le manteau, sa silhouette était reconnaissable. D'un côté sur le bras replié, le vêtement emballé dans un tissu de couleur foncée, de l'autre dans la main un petit sac de toile ou de cuir contenant un mètre ruban, des épingles, et une paire de ciseaux. Parfois s'y trouvaient également des accessoires tels que dentelles ou épaulettes de diverses épaisseurs pour montrer à la cliente aux épaules tombantes, comment corriger ce petit défaut de la nature.

Ô combien était difficile de réussir un joli drapé réclamé par la cliente au corps lourd et en partie déformé ! Il fallait toutes les astuces pour lui faire comprendre que cette mode passerait très vite et qu'un superbe décolleté rehausserait davantage la beauté de sa magnifique poitrine. Petit mensonge en général toujours efficace, car le compliment bien placé était toujours facilement accepté.

Dans cette confection sur mesure Rose prévoyait toujours une marge au niveau des coutures et de l'ourlet du vêtement - ce qui lui permettait d'élargir afin de redonner un peu d'aisance ou d'allonger si nécessaire. Le manteau était parfois entièrement décousu et remonté en retournant le tissu moins défraîchi sur l'envers. Parfois la coupe était corrigée et adaptée à la taille d'un enfant.

Jusqu'à l'âge de 30 ans, Rose vivra avec sa mère Julie et sa sœur Marthe. Elle fournissait un travail soigné et avait réussi, après des années de galère, à se faire une honnête clientèle. À la ville voisine, ces dames de la petite bourgeoisie étaient coquettes et aimaient changer souvent de toilette. Elles avaient aussi la possibilité de dépenser davantage pour étoffer leur garde-robe. Sans être très nombreuses, les occasions de sorties ou de réception les incitaient à renouveler leur tenue. Elles se renseignaient auprès de leur couturière pour éviter de porter une robe identique à celle d'une amie. Créer la surprise provoquait du plaisir de surcroît amplifié si elle était accompagnée d'un compliment.

Il en était de même pour le choix d'un chapeau. La modiste avait pour habitude de présenter un seul exemplaire de chaque modèle. Elle acceptait souvent de faire une légère transformation par l'ajout d'une voilette, d'une fleur ou d'un ruban à la demande de sa cliente qui souhaitait personnaliser son achat.

Au cours de ses fréquentes visites Blanche avait trouvé près de sa mère un véritable réconfort. Julie avait su lui dire les mots apaisants qui consolent et l'avait soutenue par sa tendresse et tout son amour. Peu à peu Blanche avait repris goût à la vie.

Eugène de son côté avait patienté, ne voulant pas la brusquer. La procréation d'un nouvel enfant ne devait surtout pas avoir lieu sous la force et encore moins sous la contrainte. Le résultat serait à l'opposé de ce qui était souhaité. L'enfant serait rejeté et aggraverait l'état neurasthénique de sa mère.

Après de nombreux mois, Blanche était à nouveau enceinte. Elle avait repris le tricot pour préparer la layette du futur bébé, les vêtements de nouveau-né étant défraîchis après les deux naissances précédentes. Cela occupait son temps libre au cours des journées d'hiver, la naissance étant prévue pour le printemps. Le jour venu, Eugène, en allant prévenir la sage-femme, avait déposé la petite Marie chez sa mémé Julie. La naissance de Pierre allait donner beaucoup de joie à tous et plus particulièrement à Eugène si heureux d'avoir un autre fils.

La délivrance s'était bien passée, à la maison comme d'habitude, avec Yvonne la même sage-femme qui exerçait son métier depuis des années. Blanche la connaissait bien et avait entière confiance.

Au troisième jour son petit tétait avec avidité, mais elle ressentait de vives douleurs et avait une forte fièvre. Le mal s'aggravant, Eugène avait pris peur et fait venir le médecin. Blanche allait rester, plus d'une semaine en grand danger, mais, son organisme avait réussi à combattre cette infection dont elle était victime. Sa sœur Marthe, inquiète et dévouée, était venue la veiller et avait tenu à rester jusqu'à son total rétablissement. Blanche lui avait été très reconnaissante d'avoir tout abandonné pour venir à son chevet. Elle avait réalisé, cette fois encore, comme il était précieux d'avoir une famille et d'être entourée par des personnes qui vous aiment vraiment.

La vie avait continué pour Blanche bien occupée avec ce nouvel enfant. En son for intérieur elle pensait que l'éloignement et le surplus de travail allaient aider Eugène à clore ses relations extra-conjugales, c'était du moins ce qu'elle espérait.

Environ un an après la naissance de Pierre, Blanche avait pris l'habitude d'aller régulièrement voir l'avancée des travaux de la maison. C'était une longue promenade avec Pierre dans son landau et Marie qui, pour ses quatre ans, était une bonne petite marcheuse. Toujours déçue, elle avait l'impression que cette construction ne finirait jamais. Elle s'était réjouie en découvrant la pose du toit, mais les portes et fenêtres étaient toujours absentes, le menuisier étant débordé de travail. À l'intérieur, les plâtres n'étaient pas terminés.

Eugène l'avait prévenue, une maison ne peut se faire en six mois. Mais il s'était bien gardé de lui dire que si le plombier et l'électricien tardaient à venir, il en était la cause. Le manque de finances freinait l'exécution de leurs travaux.

Blanche espaçait ses visites avec l'espoir de découvrir enfin la possibilité d'emménager. Elle avait hâte de quitter son lieu de vie, dénué de tout confort. Elle rêvait souvent de leur future installation dans cette belle maison et remerciait Eugène d'avoir tout prévu. Au rez-de-chaussée, l'entrée servait d'accès à l'étage par un escalier et desservait une salle à manger spacieuse, une grande cuisine et un bureau pour Eugène. À l'étage la chambre des parents, vaste et éclairée par deux fenêtres se trouvait en façade côté rue et, les deux petites pour les enfants étaient côté jardin. Un palier donnait accès aux chambres et à une salle de bains. Blanche considérait cette dernière pièce comme un apport luxueux à leur construction, véritable source de confort et de plaisir. Elle serait la première de toute la famille à en posséder une.

Le toit terminé, Eugène avait dans la tête de donner la priorité à l'aménagement du jardin situé derrière la maison. Ayant connaissance du temps nécessaire à un arbre pour donner des fruits, il s'était empressé, dès l'achat du terrain, d'y planter des fruitiers. De chaque côté, il avait mis des poiriers en espalier et, alignés dans la partie centrale trois pommiers largement espacés. Les parcelles de terre réservées à la culture étaient partagées par une allée bordée de groseilliers. Devant le mur de clôture du fond des framboisiers se révélaient prometteurs. Eugène comptait sur son épouse, dès la première récolte, pour lui faire de succulentes tartes et de délicieuses confitures.

Blanche en fit la découverte tardivement, l'accès au jardin étant impossible faute d'escalier pour combler le dénivelé. Un autre obstacle l'empêchait de passer, celui d'un énorme encombrement occasionné par le dépôt de matériaux et de matériel de chantier.

Il est facile de deviner avec quelle impatience Blanche attendait la fin des travaux. C'était un réel espoir de se retrouver proche de la ville, tout en jouissant d'un habitacle de grand confort comparé à celui où elle avait vécu depuis son mariage. Ce serait merveilleux de vivre dans une maison où lumière et soleil viendraient embellir chaque jour leur nouveau lieu de vie. Rêver à ce futur bonheur était source de réconfort et l'aidait à supporter son quotidien dans cette maison sombre, froide et éloignée de tout.

# 6

Le moment était venu de regagner la ville, de s'y installer et de trouver du travail. Henri comptait sur Lucien pour l'héberger pendant quelques jours même si, à la fin du mois il ne ferait plus partie des employés de la société. Ce dernier aurait sans doute la possibilité de lui donner quelques adresses de personnes susceptibles de lui proposer un travail. Au cours de toutes ses années passées à Prony, Henri avait réussi à créer un courant de sympathie avec les fournisseurs de matériaux, mais il avait aussi lié connaissance avec des artisans et commerçants - ce qui lui permettrait de les contacter également. Ses économies étaient modiques ayant eu à cœur d'aider Julie et de s'acquitter au plus vite de sa dette, comme il le lui avait promis.

Heureux de le revoir, Lucien l'accueillit avec empressement.

- Quel plaisir de vous voir, comment allez-vous ?

- Très bien et j'espère qu'il en est de même pour vous. Je viens de quitter définitivement mon emploi et je voulais vous demander si vous pouvez me dépanner, juste le temps pour moi de me trouver un logement. À mon arrivée, vous me l'aviez proposé si aimablement.

- Pas de problème, vous êtes le bienvenu. J'ai beaucoup de chambres libres et vous pouvez rester aussi longtemps que vous le désirez.

- Je vous remercie, vous me rendez un bien grand service. Vous l'avez compris, je suis à la recherche d'un travail et d'un appartement.

- Si je peux vous aider, je le ferai bien volontiers. Je pense que côté travail cela devrait être assez facile car les bons artisans sont rares sur l'île. Je suis content, nous allons pouvoir passer des bonnes soirées ensemble, jusque-là ce ne fut guère possible. Je suis sûr que vous avez plein de choses à me raconter.

- Je vais déjà prendre un peu de repos et en profiter pour découvrir la ville et la Grande Terre. Jusqu'ici je n'en ai pas eu la possibilité. J'ai toujours fait un aller-retour dans la journée quand je venais passer mes commandes de matériaux. Je ne pouvais me permettre de flâner, j'avais des délais à respecter.

- Je comprends. Vous devez être content d'avoir rempli votre contrat en temps voulu. Félicitations.

- Je suis surtout assez satisfait d'avoir formé de bonnes équipes et d'avoir redonné à ces hommes un peu de leur dignité. N'être plus des numéros et se sentir respectés leur a certainement, pour un temps, permis de reprendre goût à la vie. Mieux traités, bien nourris, je les ai vus changer en bien et cela m'a réellement fait plaisir.

- C'est terminé, vous le savez, nous ne recevrons plus de nouveaux arrivants pour la Pénitentiaire. J'en suis très heureux. La métropole voudrait peupler cette colonie et la développer, mais comment attirer du monde dans une île où se trouve un lieu de détention criminelle ?

- Vous avez certainement raison, Lucien, vivre près d'un bagne doit faire peur à beaucoup de personnes, même si ces bagnards ne sont pas tous des criminels. De plus, leur présence va sans doute nuire longtemps à l'image de la Nouvelle-Calédonie. La justice des hommes est loin d'être parfaite et les erreurs sont sans doute très nombreuses. Il faut espérer une amélioration au cours des prochaines décennies et avoir un peu confiance en l'avenir.

- Ici, dans l'ensemble, les gens en ont pris l'habitude et n'y pensent pas vraiment. Vous pourrez peut-être encore apercevoir des bagnards, des *chapeaux de paille* comme ils sont appelés, quand ils travaillent sur un chantier, mais ils sont bien encadrés et c'est très rare maintenant. De plus, les pénitenciers sont bien gardés. À ma connaissance il n'y a jamais eu de problème. La ville est calme et tranquille, et vous verrez Henri, vous allez rapidement vous en rendre compte.

Dès le lendemain Henri sortit tôt le matin afin d'aller à la découverte du centre-ville. Sa méconnaissance du lieu s'expliquait par le fait que les magasins de fournitures pour toutes constructions étaient situés en périphérie. Après environ dix minutes de marche, il déboucha sur une grande place. Sur sa droite, en bordure de celle-ci, se trouvait l'Hôtel de Ville et en plein centre était érigée une grande fontaine. Sur sa gauche il apercevait un kiosque à musique.

Devant l'Hôtel de Ville, deux calèches et un landau stationnaient en attente de clientèle. Cette voiture hippomobile découverte et suspendue, munie d'une capote à soufflet, lui plaisait et il la trouvait élégante. Ses quatre roues en bois, cerclées de fer, avaient de nombreux rayons qui leur donnaient un aspect ajouré, doté de légèreté. Situées de chaque côté de l'habitacle, elles étaient de petite taille à l'avant et plus grandes à l'arrière.

Conçue pour transporter deux ou quatre personnes, tirée par deux chevaux guidés par un cocher, cette voiture manquait cependant de souplesse, de rapidité et d'un réel confort.

Apercevant le cocher près de son attelage, Henri fit quelques pas pour s'en approcher.

- Bonjour. Voici à nouveau une belle journée qui s'annonce.

- Eh oui ! C'est souvent comme cela sur l'île. Vous n'êtes pas d'ici, me semble-il ?

- Non, je viens de France et je ne connais pas encore la ville. Dites-moi, la fontaine qui se trouve en face de nous est là depuis longtemps ?

- Ce devait être en 1892, si je me souviens bien. Elle a fait scandale, le jour de l'inauguration, à la découverte de la femme à demi nue. Elle s'appelle la fontaine Céleste, le prénom du modèle qui a posé pour le sculpteur. Celui-là j'ai oublié son nom, mais il doit bien être inscrit sur la statue. Elle est immense, huit mètres de haut je crois. Ce sont les déportés qui l'ont mise en place.

- Et le kiosque à musique qui se trouve là-bas ?

- Il existe depuis plus longtemps. La ville l'a fait construire après avoir terminé le remblai.

Il abrite les orchestres de l'infanterie de marine et du pénitencier qui donnent des concerts de temps en temps.

- Vous savez, je suppose, pourquoi cet endroit s'appelle place des Cocotiers, ces arbres aux troncs longs et élancés, coiffés d'une touffe de verdure ?

- C'est tout simple. Il y a longtemps c'était le Jardin de la Troupe ou le Jardin de l'infanterie de Marine. Les militaires avaient planté de nombreux arbres dont des cocotiers et les habitants l'ont très vite appelé place des Cocotiers.

- Vous connaissez certainement le nom de ces magnifiques feuillus qui se trouvent en bordure à l'immense envergure en forme de parasol ?

- Ce sont des flamboyants qui se couvrent en décembre de magnifiques fleurs rouges.

- Eh bien, je vous remercie. Vous êtes vraiment très aimable. Je vous souhaite une bonne journée.

- Parler un peu, ça passe le temps qui est long parfois en l'absence des clients.

Henri se dirigea vers le kiosque qui l'intriguait, peu semblable à ceux de sa région. Habitué à les voir en position surélevée et juchés sur un énorme pilier central souvent en métal, celui-ci était détaché du sol de la hauteur de deux petites marches. Il faisait penser à un pavillon ouvert de tous côtés, de forme hexagonale, de structure métallique claire, couleur paille, légère et ajourée, supportant un toit à six pans, recouvert de tôle nervurée rouge et rehaussé, en son centre d'un second petit pavillon. Ce dernier, identique, mais en format réduit, était situé juste au-dessus de la trouée pratiquée au centre du plafond. La ventilation permanente permettait d'évacuer la chaleur parfois suffocante à certaines périodes de l'année. L'ensemble était d'une rare élégance.

Content de s'y être arrêté, il finit de traverser la place sans se presser et poursuivit sa promenade en s'engageant dans une ruelle sans savoir où il allait. À ce moment il n'arrivait pas à s'orienter : se dirigeait-il vers une partie de la ville ou allait-il se retrouver au bord de la mer ? Peu importait, il en aurait la surprise. Ce bout de chemin l'amena à une très grande rue, longue et large, bordée de chaque côté en continu par des magasins. Devant ceux-ci se trouvait une galerie couverte, le toit étant prolongé jusqu'au bord de la rue et fixé en son extrémité sur des poteaux de bois. Ces passages abrités faisaient le bonheur des habitants venus pour faire leurs achats. Une petite plaque fixée sur le mur de la première maison lui indiquait qu'il se trouvait rue de l'Alma.

En ce début de matinée, peu de personnes se trouvaient là et la rue n'était pas encombrée. Henri pouvait en profiter pour observer tranquillement les personnages présents. Les femmes, élégantes dans leurs robes claires qui caressaient le sol, se protégeaient déjà avec leurs ombrelles. D'autres en tenue plus simple se contentaient d'un parapluie. Les hommes portaient le casque ivoire ou le chapeau et le blanc dominait dans leur tenue. Henri avait opté pour du gris clair moins salissant, pensait-il.

En parcourant cette rue où tous les commerces ou presque étaient réunis, magasins d'alimentation, de vêtements, quincaillerie et autres, il y avait aussi quelques échoppes d'artisanat comme le vitrier, le cordonnier, et même un repasseur de couteaux et ciseaux. Henri s'arrêta devant un café qui vendait du tabac et des journaux. Il s'installa et commanda un café crème, persuadé qu'une boisson chaude désaltérait tout autant, peut-être même davantage. Avant de sortir, il regarda les journaux et acheta pour quinze centimes *La France Australe,* journal des intérêts français en Océanie. Celui-ci paraissait chaque jour et comportait des annonces. Dans le cas où il ne trouverait pas facilement un logement ou un emploi, il pourrait y avoir recours.

Un peu à l'aveuglette, Henri prit ensuite une rue qui le conduisit à un immense bâtiment de stockage. Attenant à ce dernier, il découvrit la grande place du marché. Celui-ci avait lieu tous les jours. Carrioles et charrettes à bras s'y côtoyaient chargées de marchandises. Restés dans les paniers utilisés pour le transport ou étalés à même le sol sur des sacs de jute, fruits et légumes avoisinaient les étals de poisson ou de volailles. Déjà pleine de monde en ce début de matinée, la place était vivante, bruyante, colorée, et avait tout pour plaire à notre promeneur qui se promit d'y revenir souvent. Henri avait beaucoup à apprendre sur les produits locaux qui lui étaient totalement inconnus. La semaine de repos devait lui permettre d'aller de découverte en découverte, mais il lui fallait aussi se préoccuper de son avenir.

Après plusieurs contacts qui eurent lieu les jours suivants et s'étaient avérés négatifs, il trouva assez rapidement un accord auprès d'Arthur Lebouhellec, petit entrepreneur dans le bâtiment. Tous deux avaient fait connaissance à l'entrepôt de matériaux où ils allaient s'approvisionner. Les deux hommes exerçant le même métier de menuiserie et charpente avaient très vite sympathisé.

- Bonjour Henri, que faites-vous ici, toujours des commandes pour Prony ?

- Bonjour Arthur, cela fait un bon moment que l'on ne s'est pas vu. Je suis bien content de vous rencontrer. J'ai terminé mon contrat et je suis à la recherche d'un logement et d'un travail.

- Je ne le savais pas. Cela vous conviendrait de travailler avec moi ? J'ai un gros chantier à terminer et j'ai un ouvrier qui s'est cassé une jambe. Il en a au moins pour six semaines. Vous me rendriez un grand service en acceptant de le remplacer.

- Pourquoi pas, Arthur, mais il me faut trouver un logement, je ne puis abuser trop longtemps de la chambre qui m'est offerte par mon ancien employeur.

- J'ai une chambre de libre qui pourrait être la solution, mais je dois en parler avec ma femme. Je vous vois demain matin. Bonne fin de journée, Henri.

- À demain, Arthur, je vous attendrai.

Cette proposition soudaine était la bienvenue même si elle allait écourter son temps de repos. La sympathie existante entre ces deux hommes incitait Henri à aider Arthur en difficulté. Si une bonne entente pouvait également se créer, il y aurait peut-être la possibilité de prolonger cet emploi.

La femme d'Arthur ayant donné son accord, Henri accepta avec enthousiasme, sous réserve toutefois, de solution provisoire. Le côté pratique d'être sur son lieu de travail était certes un avantage, mais il restait prudent quant à la bonne entente au cours de leur vie commune. Très indépendant de nature, il continuerait à se chercher un logement.

Le chantier terminé, Arthur et Henri eurent envie de prolonger leur collaboration. S'étant entendus au travail comme deux vieilles connaissances, se complétant sans difficulté, ils avaient réussi à se répartir les tâches au mieux de leur capacité respective. Après une petite année de coopération, une réelle amitié s'était créée tout naturellement, tous deux poursuivant le même objectif, celui de développer l'entreprise.

Henri, actif et courageux, mais aussi plutôt doué dans le travail manuel, avait vite appris la plomberie et amélioré ses connaissances en maçonnerie, limitées au début à la fabrication d'un socle de soutien en ciment.

Son adaptation à sa famille d'accueil se fit, elle aussi, très facilement. Arthur Lebouhellec avait deux enfants, Suzanne - une fillette de six ans - et Charles, un petit garçon d'à peine deux ans qui parfois tétait encore sa mère. Arthur avait à peu près l'âge d'Henri, la quarantaine, mais son épouse Vahinerii était plus jeune, aux environs des trente ans. Le couple s'entendait bien et il régnait un climat serein et agréable de vie heureuse.

Henri se faisait le plus discret possible et sa présence se limitait aux repas pris tous ensemble. Il se trouvait toujours une bonne excuse - un travail à terminer, des choses à préparer pour le chantier du lendemain - et évitait ainsi de s'imposer. Le soir il regagnait sa chambre, prétextant qu'il devait se coucher tôt, ayant besoin de beaucoup de sommeil. Il se levait chaque jour à cinq heures pour commencer sa journée au plus vite. Pour lui la cohabitation ne posait aucun problème.

À sa façon il participait comme il pouvait en rendant de menus services. Scier le bois de chauffage, le fendre à la hache et le ranger bien serré sous l'appentis ou porter jusqu'au fond du jardin la lourde panière de linge détrempé, faisaient partie des choses où il pouvait se rendre utile. Il était content d'avoir réussi à se faire accepter par toute la maisonnée et après une année de vie commune, tous semblaient satisfaits.

Suzanne l'avait très vite adopté et bavardait souvent avec lui, l'interrogeant sur la France, sa famille ou son village.

- Dans ton pays c'est comme ici, il y a des prés où broutent les vaches, de grands bois avec les mêmes arbres et des petites montagnes ? avait demandé Suzanne.

- Exactement, mais dans les forêts, les arbres sont un peu différents et les montagnes sont beaucoup plus grandes. En très haute altitude, leurs sommets sont recouverts de neige durant toute l'année. En plaine il y a de la neige seulement en hiver. Si la couche est très épaisse et qu'il fait très froid elle peut rester tout un mois, même si elle fond un peu sous la chaleur de quelques journées ensoleillées.

- Et c'est comment la neige ? Je n'en ai jamais vu.

- C'est un peu difficile à t'expliquer. Tu vois cette vitre à la fenêtre, tu imagines la voir cassée en très petits morceaux, vraiment minuscules et brillants. S'ils sont des milliers tous ensemble cela fait un tapis blanc qui recouvre le sol. C'est un peu cela la neige qui est toute froide quand tu la touches.

Henri avait soudain pensé à son explication peu valable, mais sur l'île aucune trace visible de givre qui aurait pu l'aider à mieux concrétiser l'image de la neige.

- J'aimerais bien en voir un jour et naviguer sur un gros bateau pour aller en France. J'ai envie de visiter un jour ton pays.

- Le voyage sur un navire, au bout de quelques jours, paraît long et monotone. Quand j'ai quitté Marseille, la ville où j'ai embarqué, le paquebot était mixte et transportait peu de passagers. Les soutes regorgeaient de toutes sortes de marchandises et aussi de bétail. Les journées étaient longues, ennuyeuses. Nous n'avions rien à faire, toujours dans l'attente de voir apparaître un bout de terre. Le son lugubre des sirènes nous surprenait toujours, soit pour saluer au loin un autre transatlantique, soit par épais brouillard pour signaler notre présence. Nous craignions aussi la mise en quarantaine en cas de risque d'épidémie. La mer est belle, il est vrai, mais regarder cette immense étendue d'eau, à perte de vue, pendant des heures et des heures, c'est extrêmement lassant.

- Et sur un gros bateau, ça bouge beaucoup ?

- Non, par beau temps, pas du tout. J'ai eu cette chance pendant mon voyage, il n'y a pas eu de tempête. Je sais que par très mauvais temps, il remue et de nombreuses personnes sont malades. Nous appelons cela, avoir le mal de mer.

- Alors il faut choisir de voyager quand il fait beau. Dans ton pays, les gens vivent comme nous ou c'est différent ?

- Les personnes vivent un peu de la même façon partout dans le monde. Elles mangent, travaillent, dorment et parfois s'amusent. Les petites filles de ton âge vont aussi à l'école pour apprendre et jouent comme toi avec leur poupée. Maintenant je vais me coucher. Demain, je dois me lever tôt. Je pense que c'est l'heure pour toi aussi d'aller dormir. Je te souhaite une bonne nuit.

Le dimanche, Henri profitait de ce jour de repos pour continuer à visiter la ville et faire connaissance avec les environs proches. Il prenait plaisir à traîner sans but précis et trouvait toujours un banc face à l'océan, à l'ombre de grands arbres, où il prenait le temps de se reposer. Il se restaurait après avoir fait quelques achats dans une boulangerie et sur le marché ouvert le matin dès six heures, le dimanche et toute la semaine.

Contrairement à son habitude de paresser le dimanche et de dormir plus longtemps, il s'était levé tôt, ayant l'intention d'aller, sur les hauts de la ville, visiter la cathédrale. Poussé par la curiosité, sans être anticlérical il avait peu l'habitude de fréquenter les lieux de culte. Dès son entrée dans l'église il aperçut le curé qui se préparait pour l'office de la matinée. Ce dernier se dirigea vers lui, tout souriant :

- Bonjour, vous êtes le premier et loin d'être en retard. La messe est à huit heures le jour du Seigneur, je dois laisser mes paroissiens prendre un peu de repos.

- Vous avez tout à fait raison. Je suis venu tôt pour avoir le loisir de visiter la cathédrale sans déranger personne. Je n'en ai pas eu l'occasion depuis ma venue sur l'île.

- Bonne visite alors, prenez votre temps. Vous trouverez une affichette collée sur un des murs du porche d'entrée. C'est un petit historique succinct à la disposition des visiteurs. Cela m'évite d'être mis à contribution trop souvent. Je suis seul officiant et j'ai d'autres obligations plus importantes que celles d'un guide touristique.

- Merci de m'avoir consacré un peu de votre précieux temps et bonne journée.

Henri s'empressa alors d'aller lire le document explicatif concernant cette récente construction.

*La cathédrale Saint-Joseph a été construite de 1888 à 1897, grâce à la main-d'œuvre pénitentiaire, sur les plans dessinés par un bagnard du nom de Labulle. Les deux tours carrées de vingt-cinq mètres de haut, avec des balustrades au sommet, sont dotées chacune d'une horloge de deux mètres de diamètre. À l'origine le faîtage était prévu sous forme de flèche, mais, en raison des cyclones, ce projet fut abandonné. Elles n'étaient pas encore achevées lors de sa consécration en juin 1894.*

*Les tours, les contreforts et les encadrements des baies sont en pierre taillée et les murs sont en moellons enduits à la chaux.*

*À l'intérieur, la tribune surplombe le porche d'entrée et repose sur deux colonnes taillées en bois de tamanou. La charpente et les voûtes sont en bois rouge de Kaori. Les grandes orgues comptent environ six cents tuyaux et l'on peut voir un lustre en feuilles de nickel.*

Sa lecture terminée, il visita le lieu, observant plus particulièrement la voûte en bois reposant sur vingt piliers engagés dans les murs. Il découvrit également les fonts baptismaux taillés dans un énorme bloc de pierre. Les premiers fidèles arrivant pour l'office, il repartit content d'être venu avant eux pour voir et découvrir tranquillement l'édifice.

En ce début d'automne, ce dimanche ne serait pas comme les autres. Arthur lui avait proposé de l'accompagner pour aller en montagne visiter un chef de tribu. Ce dernier, depuis de très nombreuses années, lui fournissait du bois de teck pour ses charpentes. Henri avait accepté tout de suite, n'ayant pas eu encore la possibilité d'approcher une tribu kanake.

Tous deux craignaient la forte chaleur aussi levés dès l'aube, ils se préparèrent à partir sans délai. Ils avaient attelé leurs deux chevaux à la carriole utilisée pour le charroi des matériaux.

Ils partirent après avoir fixé un banc qui leur permettait d'être assis pendant le trajet. Ils bavardaient tranquillement en se laissant porter au rythme calme et paisible de leur attelage. Ayant dépassé les dernières maisons de la ville, ils s'étaient engagés sur un chemin de terre qui longeait la forêt. Comme souvent, il faisait un temps superbe et une légère brise effleurait leurs visages. Ce petit air frais leur procurait un court instant de plaisir sans cesse renouvelé et très apprécié. La chaleur serait vite là et cet agrément disparaîtrait dès le milieu de la matinée. Le trajet était un peu long, non en distance, mais en temps passé, le chemin de montagne étant à la fois pentu et sinueux. Arthur ne voulait pas forcer ses bêtes et les laissait aller selon leur bon vouloir.

Henri vit soudain un oiseau au bord du chemin qui picorait, restait sur place et ne s'envolait pas à leur approche. Tout étonné il en fit la remarque à Arthur.

- Quel drôle d'oiseau qui ne s'envole pas à notre arrivée, ne trouvez-vous pas, Arthur ?

- Ah, vous n'en avez jamais rencontré ! C'est un *cagou,* emblème du territoire, qui se nourrit d'insectes, de vers et d'escargots. Il peut vivre jusqu'à trente ans, mais son espèce est menacée, en particulier par les chiens, car il ne peut voler. Peureux de nature, de la taille d'un gros poulet, son plumage est gris bleuté et ses fortes pattes orangées lui permettent de s'éloigner quand il sent un danger. Sa tête est coiffée d'une huppe et son bec est puissant.

Henri fut content, car ils en croisèrent plusieurs à nouveau - ce qui lui permit de mieux les observer.

N'ayant aucune connaissance des traditions de ce peuple kanak, il était très satisfait d'avoir l'occasion de combler cette lacune. Il avait déjà vu des cases, mais n'avait jamais pénétré dans l'une d'elles. Il était curieux de voir comment elles étaient construites. Arthur lui avait bien expliqué l'habileté de ces hommes capables de créer un habitacle sans un clou ou une vis. Les lianes maintenaient ensemble les bois de structure, à l'état brut et choisis les plus droits possible.

- Vous allez voir, Henri, la plus grande case, celle du chef du village, appelée *chefferie*. C'est un lieu où les décisions sont prises par le chef de la communauté après en avoir longuement discuté avec les chefs des tribus. Cette case est l'œuvre de tous qui, en premier, vont aménager un tertre en terre battue. En son centre, se dressera le *rhéa* imposant pilier central en bois imputrescible.

L'abattage du grand arbre par le feu, son transport depuis la forêt, puis l'érection du tronc nécessitent souvent la présence du clan tout entier.

Les opérations peuvent durer plusieurs lunes et s'accompagnent de rites magiques destinés à en assurer le succès.

Ensuite, des poteaux disposés en cercle autour du *rhéa* et réunis par un faisceau tressé de roseaux souples délimitent le pourtour de la case qui peut atteindre 9 mètres de diamètre et 12 mètres de haut. Les parois de la case sont en écorce de *niaouli* ou en feuilles de cocotiers tressées. Et pour finir la charpente circulaire est établie en partant du poteau central vers les piliers du pourtour, par de jeunes arbres ligaturés par des lianes à leurs extrémités. Un tressage sert de sous-toiture à la pose définitive de la couverture traditionnelle en paille.

- J'ai hâte de voir un tel ouvrage et je vous remercie encore de m'emmener avec vous.

- Je dois vous dire aussi, Henri, l'importance de cette chefferie qui est le sanctuaire et le symbole du clan. Son ameublement se résume à quelques nattes et à un foyer de larges pierres. Des éléments mystiques disposés autour de la porte basse lui confèrent une dimension artistique et sacrée : le pilier central abrite les ancêtres, chacun des poteaux accueille l'esprit d'un mort.

Nous sommes bien loin, vous et moi, de toutes ces croyances, mais nous devons les respecter. Je pense que c'est cette attitude que je pratique auprès du chef kanak que vous allez rencontrer, qui nous a permis de créer entre nous un climat de bonne entente. Notre conversation sera très limitée accompagnée de gestes explicatifs. Je ne connais pas leur dialecte et le chef parle peu notre langage.

- Vous avez raison de me donner tous ces détails car je n'ai aucune connaissance concernant ce peuple qui m'est totalement inconnu.

- J'ai oublié, Henri, de vous préciser la présence, de chaque côté de l'entrée, des totems de protection en bois sculpté. Dans chaque village kanak, la case du chef de tribu est reconnaissable à sa flèche faîtière, figure de l'Aîné, l'ancêtre totémique. Son pied, calé par de la bourre de coco dans la corbeille qui surmonte le pilier central, se détache sur le ciel. Sculptée dans du bois dur de *gaïac* sa face rappelle le totem de l'ancêtre. Le panier en osier symbolise le savoir du chef pour les remèdes à base de plantes. Les plis correspondent à l'ensemble des clans sous sa tutelle et le haut de la flèche, très pointu, représente le pouvoir de chasser les mauvais esprits.

À leur arrivée, Arthur et Henri sont accueillis par le chef kanak entouré de quelques hommes. Leur salut a lieu à distance et les visages restent froids, sérieux et peu expressifs.

Aucune marque de sympathie n'apparaît en ce début de rencontre. Un léger signe invite les visiteurs à pénétrer dans la case. Tous s'installent sur les nattes posées à même le sol. Le chef, en regardant Arthur, lui demande quel est le but de sa visite. Il connaît déjà la réponse car, depuis très longtemps, le rituel est le même. Toujours à quelques jours près, cette rencontre a lieu chaque année pour renouveler un accord verbal entre les deux hommes. Arthur vient confirmer sa commande de bois. Cette fois, elle va être supérieure en quantité car Arthur prévoit plus de constructions. La venue d'Henri et leur bonne entente vont permettre le développement de son entreprise.

Henri, par sa présence, semble être reconnu et apprécié par le chef et l'ensemble du clan. Des pourparlers vont se poursuivre longuement sur les quantités souhaitées, l'étalement des livraisons et les prix sont négociés légèrement à la hausse. Un triple salut va conclure et clore les accords pris pour l'année à venir.

Un thé leur est servi et c'est le moment de donner un cadeau afin de respecter les usages. Arthur offre du tabac très apprécié du chef. Le problème de langage abrège cet instant de détente et de convivialité où la communication passe difficilement entre les deux parties. Le chef salue à nouveau, donnant ainsi à ses visiteurs le signal du départ.

Henri, toujours habité par cette soif de connaître, était resté très attentif sans réussir à satisfaire sa curiosité. Aussi, au cours du trajet retour, s'adressa-t-il à son compagnon.

- Je n'ai pas compris grand-chose à vos négociations, mais vous me paraissez, Arthur, content et satisfait.

- En effet, j'ai demandé au chef s'il pourrait me fournir davantage de bois et cela ne lui cause pas de problème. Comme d'habitude, je peux compter sur lui.

- La confiance dans le travail me semble, à moi aussi, importante et indispensable.

- Justement, à ce sujet, depuis que nous travaillons ensemble j'ai pris le temps de vous découvrir et de vous apprécier. Et je pense qu'il en est de même pour vous. J'ai donc décidé de vous demander, Henri, de devenir mon associé.

Ce dernier ne s'attendait pas à cette soudaine proposition. Aussi, abasourdi et sans voix tarda-t-il un peu à répondre.

- Cela ne vous convient pas, Henri, vous ne dites rien ?

- Je suis tellement surpris et si heureux de la confiance que vous m'accordez. C'est avec grand plaisir que j'accepte de suite cette offre magnifique.

Je pense que nous allons faire ensemble de l'excellent travail.

- Je n'en doute pas un seul instant et vous m'auriez beaucoup déçu si vous aviez rejeté ma proposition.

Leur trajet se poursuivit tranquillement tout en bavardant sur les projets d'avenir. La chaleur se faisant sentir de plus en plus, tous deux étaient bien aise d'être de retour.

Le soir venu, Henri repensa à cette journée exceptionnelle. Sans réfléchir, il avait répondu à Arthur en lui donnant son accord immédiatement et avec enthousiasme. Ne pouvait-il pas lui demander quelques jours de réflexion ou avait-il eu peur, par cette dérobade, de marquer une certaine hésitation ? Sa réaction aurait paru tout à fait logique, compte tenu de son éventuel retour en France. Trop rapide et très heureux de cette offre, il n'avait pas pris le temps de se poser la question. Maintenant c'était fait, Il lui semblait impossible de revenir en arrière. Il avait accepté cette association, se sentait engagé et ne pouvait se dédire. Son idée de travailler un an ou deux pour avoir son billet de retour accompagné d'une coquette somme d'argent, était, dans l'immédiat, définitivement abandonnée. Au contraire, il envisageait déjà de réussir plus vite à se construire une maison. Sans le vouloir vraiment, il se détachait de plus en plus de sa famille devenue si lointaine. Sa nouvelle position allait lui donner encore plus de goût au travail. L'environnement et le beau temps, appréciés tout au long de l'année, lui apportaient aussi un agrément de vie très profitable. Cet arrangement lui convenait parfaitement. Décemment il ne se voyait pas partir dans quelques mois. Faire progresser l'entreprise leur prendrait plusieurs années et cela ne semblait pas lui déplaire.

La fin décembre approchait et une fois de plus, Henri était étonné de passer la fête de Noël sous le soleil. Il pensait à son petit village certainement enfoui sous la neige. Là-bas, l'hiver sévissait où vent glacial, gelée et neige perduraient pendant trois mois, parfois davantage. Les pluies du printemps étaient appréciées, car elles amenaient une température plus douce.

Henri allait passer son premier Noël sur l'île, sans être seul. Aussi avait-il prévu des cadeaux : des chocolats destinés à madame, une bouteille de champagne pour Arthur, Suzanne recevrait une poupée et Charles découvrirait un superbe camion de pompiers. Tous furent surpris et le remercièrent vivement de cette délicate attention.

C'était dans ces moments où il ressentait, malgré lui et à son corps défendant, l'absence de sa famille et avait quelques remords. Mais il se consolait aisément, ne se sentant pas le seul coupable.

Parfaitement acclimaté, toujours très occupé, satisfait de sa vie sur l'île, il avait presque totalement évacué cette incertitude permanente qui l'avait habité durant de très nombreux mois.

Ayant cessé tout contact avec Julie, il l'avait abandonnée à sa décision et son entêtement. Il est évident et facile d'imaginer l'inquiétude et même la peur d'affronter l'organisation d'un tel voyage. Julie n'avait jamais pris le train ne serait-ce pour rejoindre la ville voisine. Elle préférait marcher, disait-elle, et faire quelques kilomètres à pied n'était pas un souci pour elle. Fière de nature, elle demandait rarement de l'aide. Bien sûr, elle se sentait capable d'aller à la gare acheter des billets de train, mais, où s'adresser pour obtenir des places sur un paquebot ? Il lui aurait fallu écrire aux Messageries maritimes et avant tout trouver leur adresse. Son mari ne s'était occupé de rien, son employeur ayant fait pour lui toutes les démarches. Pour elle, tout abandonner, vendre, quitter son village et partir avec ses enfants pour aller vivre sur une île inconnue, c'était trop lui demander. Quant à Henri, sa proposition l'avait beaucoup desservi, provoquant chez Julie une grande perte de confiance.

Reconnaissant parfois son manque d'insistance auprès de Julie, son incapacité à trouver l'excellente raison qui la ferait changer d'avis, Henri continuait néanmoins à regretter le bien-être qu'il aurait été capable de lui offrir. Son tempérament tenace lui permettait de garder tout de même un petit espoir, celui de réussir à la faire fléchir, un jour ou l'autre. N'étant pas pressé, satisfait de sa vie présente, plus ou moins consciemment il évitait de faire des projets. Les préoccupations du quotidien lui suffisaient amplement. Une chose certaine restait le plaisir ressenti à vivre cette nouvelle vie, détaché de toute contrainte et responsabilité dues aux exigences d'une famille. Sans l'oublier totalement, il se sentait libre, indépendant et heureux de sa situation de célibataire. En fait, il n'avait aucune envie de perdre cette liberté et ce confort tant appréciés auxquels il s'était habitué.

Toujours occupé par un travail incessant, les années s'écoulaient rapidement. La cohabitation se passait au mieux. Cependant, Henri souhaitait jouir au plus vite d'une totale autonomie. Il avait tenu, dès le départ, à participer aux frais de son hébergement, logement, entretien et nourriture, car c'était pour lui indispensable afin de se sentir à peu près à l'aise. Malgré tout, il avait parfois l'impression d'être redevable et cela ne lui plaisait pas. Ayant toujours assumé son gîte et son couvert, il considérait comme primordiale cette sauvegarde d'une précieuse et entière indépendance. Son dû étant retenu sur son salaire, il pouvait disposer du reste en sa totalité.

Il n'avait pas l'intention de se chercher un autre logement chez l'habitant - ce qui aurait fort déplu à son ami Arthur. Il voulait se construire un petit cabanon atelier pour se sentir chez lui. Par la suite, avec plus d'argent il pourrait envisager d'édifier une construction en dur, si finalement il décidait de rester beaucoup plus longtemps sur l'île. La question de partir ou de prolonger son exil ne se posait pas pour le moment.

Au cours de ses promenades du dimanche il avait repéré un espace vierge qui lui conviendrait parfaitement pour sa future installation. Il était situé faubourg Blanchot, au-delà de la rue de l'Anse Vata en direction de la baie Sainte-Marie. Certes assez loin du centre-ville, mais cela lui importait peu. Henri ne voulait pas attendre une année supplémentaire pour dépenser davantage en faisant l'achat d'un terrain mieux placé, mais certainement beaucoup plus cher.

Cette belle parcelle de terrain à bâtir une fois acquise, Henri commença à passer tout son temps libre pour y construire un atelier en vue d'une future construction. Ce travail exigea des heures et des heures étant seul à l'exécuter. Par principe, il refusait toute aide prise sur le temps de repos bien mérité et nécessaire à tous. Il n'était pas pressé et par nature savait attendre patiemment. L'habitacle une fois terminé, son attitude changea totalement, due sans doute à une envie soudaine et pressante de s'installer dans son petit chez lui. En un tour de main il se fabriqua un sommier tout à fait rustique, à savoir quelques planches légèrement espacées et clouées sur un cadre. Chaque angle de ce dernier était fixé sur un solide morceau de bois carré et un peu long pour isoler la couche du plancher. Il fit ensuite l'achat d'un matelas bien épais et prit l'habitude de dormir là le samedi soir. Peu à peu il compléta son installation avec l'achat d'un réchaud et de matériel de cuisine, le strict minimum. Il décida alors de passer toutes ses nuits dans son atelier.

Arthur et Vahinerii insistèrent plusieurs fois, lui certifiant qu'il ne les dérangeait pas, mais tous deux comprirent vite la raison de son choix : leur locataire voulait réduire ses frais au maximum pour économiser davantage. Le sujet d'un éventuel retour en France avait été abordé une ou deux fois. L'attitude et la réponse un peu vive d'Henri assurant que ce n'était pas d'actualité avaient clos définitivement cette question.

Il est facile de supposer une tout autre raison, plus personnelle et intime, mais aussi très humaine, celle d'une attirance entièrement physique envers Vahinerii. Jolie, aimable et gentille, comblée par son mari, rien dans l'attitude de cette jeune femme n'aurait pu la qualifier de coquette ou d'intrigante. Après plusieurs mois, en la côtoyant chaque jour, la tentation de la séduire devenait de plus en plus forte. De son côté, cette jeune mère de famille avait perdu sa timidité, se sentant plus à l'aise avec cet homme devenu l'ami de son époux. Elle se dévoilait détendue, plus libre, davantage sensible aux compliments faits régulièrement par Henri.

Par hasard, il l'avait rencontrée en ville et elle avait accepté d'aller boire un café et bavarder un moment. Il avait alors décelé dans son regard une certaine complicité lui faisant comprendre qu'il ne lui était pas indifférent, bien au contraire.

Au début de son séjour, si Henri n'avait pas trop souffert de l'absence de Julie pendant de très nombreux mois, il le devait à son rythme de travail et aux responsabilités assumées. Gérer en permanence une organisation, si possible sans failles, lui avait demandé une dose d'énergie importante. Réussir à former des équipes dans des conditions difficiles, maintenir les délais, veiller à l'approvisionnement des matériaux afin d'éviter toute interruption des travaux, le tout régi par un seul homme, Henri avait su s'en charger parfois jusqu'à l'épuisement. Malgré tout, il n'avait jamais réussi à se détendre réellement et à évacuer une certaine inquiétude toujours présente.

Sa vie auprès d'Arthur et de sa famille lui avait permis de retrouver une totale sérénité dans un environnement paisible. Dès le début de leur cohabitation, cette femme magnifique l'avait attiré, mais elle lui paraissait inaccessible. Son attitude très réservée et un peu froide le tenait à distance. Tous deux évitaient les rencontres et la présence constante d'Arthur et des enfants facilitait leurs relations dénuées de toute ambiguïté. Cette beauté était restée très jeune, les grossesses limitées à deux n'avaient en rien déformé ce corps de liane, souple et harmonieux. Très typée, venue de la brousse et d'origine mélanésienne, elle avait la peau cuivrée, une chevelure abondante noire et frisée. De grands yeux foncés illuminaient son visage et ses lèvres charnues, lors d'un sourire, découvraient des dents régulières et d'un blanc immaculé. Cette perle exotique était extrêmement séduisante. Henri avait énormément de difficultés à résister à un tel charme.

Il n'était pas *fait de bois* mais l'idée de trahir son ami lui était insupportable. En homme sage et responsable, il choisit la bonne solution, celle de s'écarter du danger afin de ne pas succomber. Certes, il y avait, comme dans un très grand nombre de villes par le monde au moins une, voire plusieurs maisons où il était possible d'assouvir ses pulsions. Henri n'avait pas tardé à la connaître et, bien qu'il ne fût pas particulièrement fasciné par ce lieu, il avait toutefois fréquenté de temps en temps la maison de madame Hortense.

# 7

Au cours de l'année 1910, les travaux étant enfin terminés, Blanche et sa famille pouvaient s'installer dans leur nouveau logis. Devant la maison un jardinet éloignait la construction du bord de route. Hortensias, lys, pivoines et rosiers s'y côtoyaient et égayaient par leur floraison et le mélange des couleurs. Une clôture en ciment à la cime ajourée tout de blanc revêtue, l'entourait quasi en totalité, laissant place à une porte en fer forgé peinte en blanc également. Ce petit portail, composé de fers verticaux espacés de quelques centimètres, avait en son centre un rameau de lierre. L'artisan, connaissant sa destination, s'était permis cette fantaisie.

La porte d'entrée, en chêne verni, présentait une partie basse en bois plein et une partie haute en fer forgé ouvragé. Derrière la grille un vitrage mobile permettait d'aérer, mais aussi de voir la personne avant de l'inviter à entrer. Ce système était pratique pour éconduire l'importun et très sécurisant pour la femme seule à la maison. Après l'avoir franchie, Blanche avait perçu une odeur de peinture fraîche en découvrant les pièces, habillées de papiers peints fleuris et éclairées par la lumière du jour qui pénétrait par les nombreux vitrages.

La maison n'était pas très grande, mais c'était un vrai paradis pour elle, ravie d'avoir quitté successivement cette vieille demeure aux pièces étroites et sombres, sans aucun confort, et surtout entachée de l'horrible drame de sa vie et, celle de sa belle-mère, exiguë et également peu confortable. Il lui fallait tirer l'eau du puits, allumer et entretenir le poêle à bois chaque jour, unique source de chaleur. Les deux chambres à l'étage n'avaient pas de cheminée et les soirs d'hiver elles étaient glaciales en ce lieu battu par les vents.

Eugène avait pris soin d'installer dans la cuisine un fourneau à charbon. Bien garni d'anthracite, il tiendrait toute la nuit et garderait la chaleur. Par très grand froid, les chambres équipées de cheminées pourraient être chauffées.

Les enfants découvraient eux aussi ce nouveau lieu de vie et couraient un peu partout. À l'étage ils avaient chacun leur chambre. Le soir la porte dans la cloison de séparation restait ouverte.

Ils n'avaient pas l'habitude d'être seuls et ils avaient un peu peur. De son lit, Marie se rassurait en racontant une histoire au petit Pierre pour l'aider à s'endormir.

Blanche, fière et très heureuse de sa nouvelle demeure, avait invité sa mère et ses sœurs pour fêter leur installation. Cette dernière n'était pas entièrement terminée, mais peu importe, elle ne pouvait attendre plus longtemps. Elle avait passé toute la matinée à préparer un excellent repas et un merveilleux et délicieux dessert apprécié de tous, une tarte aux pommes dorées et caramélisées.

Les trois invitées ne tarissaient pas d'éloges. Elles complimentaient Eugène sur sa construction et ses bonnes idées. Julie était surtout heureuse de retrouver sa Blanche, souriante, bien vivante et enfin sortie de cette immense mélancolie à la fois maladive et destructrice. Pour elle, l'essentiel était là. Cette joie de vivre retrouvée chez sa fille, elle la partageait, soulagée d'un poids devenu très lourd à porter. Elle avait reporté son amour sur ses enfants, participant à leurs joies, mais prenant aussi en charge leurs soucis et leurs chagrins.

Rose allait se laisser séduire par un beau garçon du village. Un peu plus grand qu'elle, de bonne corpulence, un visage régulier, des yeux rieurs d'un brun foncé, les cheveux et la moustache bien noirs, Jules avait un certain charme. Très conscient de cet atout favorable dû à son aspect physique, il en profitait pleinement. C'était connu de tous, il avait courtisé de nombreuses jeunes filles sans jamais vouloir s'engager. De quatre ans son aîné, tous deux avaient dépassé la trentaine. Il exerçait au centre du village son métier de maréchal ferrant, et avait complété la source de ses revenus avec l'ouverture d'un café au rez-de-chaussée de sa maison. Rose ne tarderait pas à découvrir son goût un peu trop prononcé pour la boisson.

Se sentant vieillir, elle n'avait pas tenu compte de sa réputation d'homme volage. La coutume se voulait de trouver normal que l'homme vive sa vie de garçon, comme il était dit, et c'était mieux si cela se passait avant le mariage et non après. Rose, sans doute un peu naïve, croyait aux belles paroles et aux promesses. Elle était convaincue de la bonne foi de Jules, de sa sincérité et de son envie de se poser. Il disait l'aimer et vouloir créer avec elle une famille.

Julie connaissait le caractère obstiné de sa fille, mais elle avait tenté de la mettre en garde.

- Tu dois m'écouter, Rose, tu n'es plus une gamine. Réfléchis un peu et sois raisonnable.

- Mais je l'aime et je suis sûre qu'il m'aime aussi !

- Je ne doute pas de tes sentiments, mais tu peux te tromper sur lui. Est-il vraiment sincère ?

- Il me l'a dit, je suis la seule qui compte pour lui maintenant.

- Tu connais, comme moi, sa réputation de coureur de jupons. Ton Jules en a fait de belles promesses, jamais tenues. Beaucoup de pauvres filles l'ont cru et ont versé des larmes.

- Jules reconnaît s'être bien amusé, mais c'est fini, maintenant il veut se marier et avoir des enfants.

- Ma pauvre Rose, comment peux-tu le croire ? Si je t'écoute, il va changer pour tes beaux yeux, du jour au lendemain, d'un coup de baguette magique. Ne sois donc pas si crédule.

- Tu peux me dire tout ce que tu veux, ça ne changera rien. J'ai pris ma décision et je veux l'épouser. Tu le connais bien mal, maman, il est tellement gentil.

Ce jour-là Julie avait abandonné, Rose butée ne voulait rien entendre. En mère avisée elle avait essayé, à maintes reprises, de convaincre sa fille pour son bien, persuadée que cette union serait, tôt ou tard, vouée à l'échec. Julie constatait, avec regret, cette envie soudaine de se marier qui l'emportait sur le bon sens et un minimum de sagesse. Elle réalisait le peu de poids que pesaient ses arguments sur sa fille adulte depuis longtemps. L'entente entre mère et fille n'avait pas toujours été parfaite mais elle lui souhaitait beaucoup de bonheur et se réjouissait de la voir s'installer au village en restant proche d'elle.

Rose avait suivi de près son frère Henri et avait épousé Jules en septembre 1912. Les mariés étaient bien assortis, Rose étant une belle femme, bien en chair sans être plantureuse. Leur bonheur semblait parfait et faisait plaisir à voir.

Blanche avait vu grandir Marthe, de dix ans sa cadette, mais il n'en était pas de même pour son petit frère Léon, absent depuis qu'il était apprenti. Ce jour-là, tous deux formaient un joli couple. Elle savait par Julie qu'il travaillait bien, mais elle avait envie de se l'entendre dire par lui-même et avait profité de leur rencontre le jour du mariage.

- Je suis vraiment contente de te voir, Léon, tu as beaucoup changé, tu es devenu un homme.

- J'ai grandi, Blanche, comme tous les jeunes de mon âge.

- C'est vrai, les années passent vite et j'avais le souvenir de toi encore gamin. Dis-moi, tu es content et ça se passe bien avec ton patron ?

- Je n'ai pas à me plaindre, j'apprends beaucoup et j'aime ce que je fais.

- Tu peux m'expliquer ? ça me ferait plaisir. Je ne sais pas en quoi consiste exactement ton travail.

- Je travaille le bois toujours avec plaisir. J'aime le toucher, le raboter, le poncer jusqu'à ce qu'il devienne doux au toucher comme la peau d'un bébé. Ce travail est nécessaire pour obtenir, au final, un joli meuble. J'ai appris et je reconnais les différentes essences à la vue, mais surtout à l'odeur. Celle-ci est différente et particulière à chaque arbre, que ce soit un sapin, un chêne, un fruitier ou tous les autres.

- C'est facile de reconnaître un sapin, mais pour les autres arbres quand ils ont perdu leurs feuilles, comment fais-tu ?

- Un peu d'expérience et il y a aussi l'écorce et la forme de l'arbre. Par contre, il est plus difficile de deviner d'où provient un morceau de bois coupé et de savoir comment le travailler.

- Eh bien, tu es devenu bien savant, petit frère, et je suis très heureuse de voir que tu aimes vraiment le métier que tu as choisi.

Comme pour Blanche, Julie avait limité à un excellent repas, les frais du mariage de Rose. Les convives étaient peu nombreux, la famille de Jules étant réduite à une sœur aînée et un beau-frère, couple sans enfant. Jules les voyait très peu depuis la mort des parents. Sa sœur lui reprochait sa façon de vivre et n'avait plus de raison de le supporter pour faire croire à un minimum de bonne entente.

Depuis peu Marthe avait un amoureux qui s'appelait Lucien. Elle le voyait de temps en temps et attendait d'être un peu plus sûre d'elle pour le présenter à Julie et à la famille. Après l'échange d'un premier baiser suivi de quelques caresses, elle se sentait en vérité déjà engagée.

Rose avait continué à coudre pour satisfaire ses clientes et parfois, les jours d'affluence, elle allait servir au café.

La clientèle, presque en totalité masculine, avait tendance à la regarder souvent avec un peu trop d'insistance. Son mari jaloux lui interdisait les bras nus, les chemisiers en dentelle et les décolletés. Soupçonnée de rechercher un contact avec d'autres hommes, elle ne devait pas rendre la monnaie dans la main, mais seulement la poser sur le comptoir. *Attention*, annonçait Jules, *ne touchez pas à ma femme si vous voulez rester de bons copains*. Jamais tout à fait ivre, son état d'ébriété avait tendance à augmenter sa jalousie quasi maladive.

Jules tenait malgré tout à garder ses fidèles clients, pour beaucoup les anciens du village, présents chaque jour pour leur partie de cartes. D'autres étaient moins intéressants, véritables piliers de bistrot accrochés au comptoir qui, après quelques verres, ressassaient sans arrêt toujours la même chose, prêts à changer le monde. Au village il y avait surtout des paysans et quelques artisans, aussi le café se remplissait en fin de semaine car tous étaient pris par leur travail assez tard en soirée.

Les premiers temps, Rose ne s'inquiétait pas du comportement de Jules. Elle pensait qu'il l'aimait vraiment et la voulait à lui tout entière. Elle en était assez fière. Peu à peu ses reproches devenus de plus en plus fréquents et totalement injustifiés, finissaient par lui peser car elle ne faisait rien pour attirer l'attention des autres hommes. Elle n'osait pas en parler à sa mère ou à ses sœurs et espérait voir le comportement de Jules s'améliorer avec la venue d'un premier enfant. Elle n'avait pas de préférence, mais souhaitait un fils pour uniquement faire plaisir à son époux.

Quelles étaient réellement les motivations qui incitaient les hommes à tant désirer un fils ? Était-ce pour partager avec lui des choses *entre hommes* ou simplement, pour prolonger le nom de famille et assurer la reprise de la ferme, de l'entreprise ou du commerce ? L'enfant très souvent n'avait pas le choix et devait être heureux et reconnaissant d'avoir son avenir tout tracé.

Le dimanche après-midi Rose le passait près de sa mère et de sa sœur Marthe. Jules sortait en général pour retrouver des copains ou assister aux courses de chevaux quand c'était la saison. Elle s'était aperçue qu'il puisait dans la caisse car il jouait. Elle savait à son humeur quand elle le retrouvait s'il avait perdu ou gagné. Là encore elle ne pouvait rien changer. Elle avait timidement essayé de le retenir, mais il était le chef et avait le droit de faire tout ce qu'il voulait.

Julie, toujours très attentive s'était aperçue, qu'après quelques mois de vie commune, sa Rose ne vivait plus sur un petit nuage. Mais elle se contentait de lui dire :

- Tout va bien pour vous deux, il me semble, et j'en suis très contente. Voir mes enfants heureux m'apporte beaucoup de bonheur.

- Oui, tout va bien maman.

- Je pense que tu as eu raison de continuer la couture afin de maintenir ta clientèle. Gagner un peu d'argent fait plaisir et préserve un minimum d'indépendance. C'est très précieux de ne pas dépendre entièrement de son mari.

Rose n'osait pas avouer à Julie avoir donné, par deux fois, une petite somme à Jules pour jouer aux courses. Par malchance elle avait perdu. Incapable de résister à son côté enjôleur et si persuasif, sur le moment elle s'en voulait un peu, mais avait aussitôt oublié.

Plus d'une année s'était écoulée avant que Rose se retrouve enceinte. Le bébé était prévu pour début août de l'année 1914. La vie suivait son cours et sa grossesse se passait bien, sans aucun souci. Elle espérait, en raison de son état, voir Jules se calmer et être moins jaloux. Mais très vite elle se rendit compte de l'attirance excessive de Jules pour le verre d'alcool. Avec le commerce de café les occasions de boire étaient bien présentes, nombreuses et beaucoup trop fréquentes. Mécontent et déçu quand il perdait aux courses, il s'adonnait à la boisson de façon excessive et devenait presque violent.

Depuis toujours Jules aimait les chevaux. Au début de leur mariage Rose l'accompagnait parfois pour assister aux courses qui avaient lieu dans la région. Véritable passionné, il n'en manquait pas une et jouait très souvent. Le couple se déplaçait en carriole tractée par un cheval demi-sang, la fierté de Jules.

Rose venait d'entamer son huitième mois et souhaitait rester chez elle pour se reposer. La station debout, tout un après-midi, lui avait été pénible la dernière fois. Jules s'était fâché et avait lourdement insisté. Parmi les écuries de la région, Jenny son cheval préféré, était porté favori et participait ce jour-là dans la troisième. C'était une superbe pouliche à la robe baie et longue queue noire. Rose avait fini par céder et, pour une dernière fois, avait accepté de l'accompagner.

Contrairement à son habitude, Jules avait misé davantage, du reste ils étaient nombreux à avoir fait de même. Le cheval avait gagné la course d'une bonne longueur, mais le gain fut très faible. Jules en fin de compte très content avait fêté ce succès avec ses amis, avant de rentrer. Il avait un peu trop bu et n'écoutait pas Rose qui lui demandait de ralentir l'allure de son cheval sur le chemin du retour. Rose subissait des secousses de plus en plus fortes.

À peine une semaine plus tard elle avait senti les premières douleurs et perdu les eaux. Jules s'était précipité pour aller chercher la sage-femme. La naissance d'une toute petite fille avait eu lieu avec un bon mois d'avance. La taille et le faible poids du bébé avaient, de beaucoup, facilité l'accouchement. *L'enfant est en très bonne santé,* clamait la sage-femme se voulant rassurante auprès de cette jeune mère inquiète. *Surtout n'hésitez pas à la nourrir selon sa demande, un peu maigrichonne, elle ne tétera jamais très longtemps. Dès qu'elle aura rattrapé son retard en poids, vous pourrez réduire le nombre de tétées.*

Rose, depuis longtemps, avait choisi le prénom qui serait, selon le sexe du nouveau-né, Jules ou Roseline.

À cette époque et depuis des générations, presque toutes les familles donnaient au premier fils le prénom du père. Jules ira le jour même, 14 juin 1914, déclarer sa fille au bureau de l'état civil de la mairie et donnera comme prénom Jenny, celui de sa jument préférée. Surpris par ce prénom peu commun, le secrétaire de mairie lui fera répéter plusieurs fois devant les témoins et finira par l'enregistrer, en ajoutant toutefois Rose, celui de la mère.

Environ trois semaines plus tard, alors qu'elle se trouvait au café pour remplacer Jules, un client en se faisant servir une bière lui dit :

- Jules nous a bien fait rire. Déclarer sa fille à la mairie et lui donner le nom d'une pouliche. C'est drôle et ça fait bizarre.

- Qu'est-ce que vous dites ?

- Apparemment j'aurais mieux fait de me taire. Vous ne le saviez pas ?

- Non, ce n'est pas ce prénom que j'avais choisi pour ma fille.

- Dans ce cas, je m'en vais. Je n'ai pas intérêt à être là quand il va revenir, il sera furieux après moi de vous l'avoir dit.

- Oui, partez tout de suite, je ferme le café.

Rose ne pouvait le croire, Jules n'avait pas pu faire cela, il était d'accord pour Roseline et avait même trouvé ce prénom très mignon.

Dès son retour, au refus d'un baiser, Jules avait décelé immédiatement la colère contenue de son épouse. L'orage avait éclaté avec une violence inouïe, et il n'était pas arrivé à la calmer. Rose lui avait interdit de l'approcher et elle l'avait bombardé de tout ce qu'elle trouvait sous la main. Cendriers, œufs durs, bouteilles vides et même quelques verres, étaient partis dans tous les sens. Jules était sorti, seul moyen de lui échapper. La fureur passée avait fait place à des pleurs et des cris perçants. Son ami Antoine qui passait par là lui avait dit en riant :

- Ta femme t'a déjà mis dehors ?

- Non, j'étais sorti pour fumer, elle ne supporte pas l'odeur en ce moment.

- Alors, bien le bonsoir à tous les deux.

L'air penaud, Jules avait demandé pardon, prétextant avoir trop bu pour fêter la naissance et avait promis de tout arranger. Apparemment, sa fille était enregistrée et il était impossible de raturer et de changer un mot de la déclaration faite devant témoins. Seul le changement pourrait se faire, après jugement favorable du tribunal. Jules n'étant pas sûr de gagner, avait décidé le maintien du prénom de sa fille.

Rose était de nature rancunière et, obligée de s'incliner, elle en avait voulu à son mari et ne le voyait déjà plus comme au début de leurs amours. Sans savoir ce qui avait pu se briser, elle n'avait plus les mêmes élans et avait quelquefois l'envie de le rejeter.

Julie avait essayé de la rassurer, trouvant ce prénom original et doux à prononcer.

- C'est vrai, lui répondait Rose, et tu sais très bien que ce n'est pas la cause réelle de ma colère. Jules n'aurait jamais dû me faire ça et je sais qu'il n'était pas du tout ivre ce soir-là. Il m'a trahie et je ne le supporte pas.

- Ta jolie petite fille te fera oublier ce fâcheux moment, crois-moi. L'important c'est votre bonne santé à toutes les deux.

Après leur mariage Blanche et Rose avaient quitté la maison familiale qui était devenue trop grande pour loger leur mère et leur petite sœur. Julie avait vendu tous ses biens reçus en héritage et elle pouvait patienter encore un an ou deux. Ses réserves étaient faibles - mais très économe elle devrait réussir à faire face à ses besoins.

Si Léon ressemblait à son frère et ne voulait pas s'installer à son compte comme artisan menuisier, alors elle envisagerait sérieusement de vendre la maison et l'atelier de son père. Elle chercherait une petite maison dans le bourg, bien suffisante pour y vivre avec Marthe. Après trois ou quatre années de location elle donnerait son congé à sa locataire. La maison vide, elle espérait la vendre plus facilement et en tirer un meilleur prix. Elle manquait de ressources et souhaitait, avec le montant de cette vente, ne pas se retrouver à la charge de ses enfants et préserver ainsi, le plus longtemps possible, son entière liberté.

Marthe avait toujours souhaité vivre en ville, et elle partirait sans doute un jour elle aussi. Elle avait appris récemment l'offre faite pour elle à sa mère, l'année de son certificat. Reçue première avec mention, la sous-préfecture avait proposé un emploi dans ses bureaux. Au reproche qu'elle lui avait adressé, Julie s'était défendue :

- Tu étais beaucoup trop jeune, je ne pouvais pas te louer une chambre en ville pour y vivre seule ou, te laisser faire les trajets à pied chaque jour, par tous les temps et à la nuit tombée.

S'il t'était arrivé malheur, je m'en serais fait le reproche jusqu'à la fin de ma vie. Je ne voulais que ton bien, je t'assure.

Marthe n'avait rien trouvé à lui répondre. Cependant elle regrettait de n'avoir pas eu par la suite d'offre semblable qui lui aurait permis de quitter le village. Elle imaginait toujours que sa vie aurait été bien différente et certainement plus agréable. Dans l'immédiat son quotidien était peu réjouissant, et l'occasion de se distraire presque inexistante. Elle espérait un autre univers, un jour peut-être, si elle épousait Lucien qui lui plaisait bien, mais c'était encore trop tôt. Pour l'instant ils se connaissaient à peine.

Le moment était venu pour Léon de partir faire ses classes à l'armée. Il venait de quitter l'artisan qui l'avait formé et, aidé de son épouse, accueilli comme un fils. Léon avait trouvé auprès de ce couple généreux beaucoup d'affection, et un père de remplacement. Pour lui c'était une réelle seconde famille.

Aussi, en faisant ses adieux à sa mère la veille de son départ, Léon était assez surpris lorsqu'elle lui avait demandé :

- À ton retour de l'armée, aurais-tu l'intention de reprendre l'atelier de ton père ?

- Pas du tout. Je n'y ai jamais pensé.

Sa réponse avait été immédiate et très claire. Julie avait insisté :

- Tu es encore bien jeune, Léon, tu peux changer d'avis. Tu as le temps d'y réfléchir.

- Je suis comme mon frère, je n'ai aucune envie de m'installer. Je retrouverai ma place chez mon patron qui m'a formé et je lui dois beaucoup. De plus je me sens en famille. C'est un peu comme s'il m'avait adopté et avait remplacé mon père.

Julie n'avait pas insisté et avait caché sa déception. Elle était au contraire très contente de découvrir à quel point Léon avait peu souffert de leur séparation et avait su s'adapter facilement à vivre sans elle. Léon avait toujours dit son contentement, mais peu expansif et très avare de ses mots, elle avait dû se satisfaire d'une formule simple et toujours la même : *Tout va bien, maman, tu ne dois pas t'inquiéter.*

Léon avait cherché et trouvé ailleurs un père de substitution.

Elle réalisait, une fois de plus, les dégâts réels occasionnés par l'absence d'un père qui n'avait pas assumé la formation de ses fils et les avait privés de son affection. Il leur aurait appris le savoir-faire du métier, les précautions à prendre pour éviter de se blesser. Julie se souvenait de la très grande habileté de son époux, mais cela ne suffisait pas pour lui éviter quelques petits accidents.

De temps en temps, assez rarement Julie le reconnaissait, râpe, scie ou rabot entamait le gras de la main ou taquinait un bout de doigt. Elle n'avait pas le souvenir d'un gros accident, comme un doigt sectionné ou écrasé sous un puissant et violent coup de marteau. Par contre, le traitement appliqué par Henri pour soigner ses blessures l'avait toujours surprise. La plaie était de suite, sans même la laver, recouverte de miel et d'un bout de tissu de coton maintenu en place par une fine couche de colle à bois. Quelques minutes de séchage et de durcissement et le travail reprenait. Le pansement, ainsi fait, restait en place une petite semaine, le temps nécessaire à la guérison. Julie la constatait, tout étonnée de l'excellent résultat. Jamais il n'y eut d'infection ou un échec de cette méthode de soins entraînant un arrêt de travail.

Chaque métier avait ses recettes et petits secrets jalousement conservés, divulgués au compte-gouttes aux personnes méritantes. Elle se souvenait également du père Victor, un brave paysan qui habitait à la sortie du village de son enfance. Elle aimait bien aller le voir quand il gardait ses moutons. Un jour, il fit devant elle une chose bizarre et incroyable. Elle s'était empressée de retourner à la maison pour raconter les faits à sa mère :

- Maman, maman, où es-tu ?

- Je suis dans la chambre, Julie, j'arrive tout de suite.

- Viens vite, il faut que je te raconte.

- C'est si urgent, ce doit être grave.

- Non, pas du tout. Tu sais je suis allée voir le père Victor qui est dans le pré avec ses brebis.

- Oui, je sais, tu vas souvent le voir.

- Nous avons dit quelques mots, le père Victor ne parle pas beaucoup, mais j'aime bien voir les brebis et surtout les petits agneaux. Je les trouve tellement beaux.

- Beaucoup d'animaux sont mignons à leur naissance.

- À un moment le père Victor m'a dit : *Tu vois la brebis là-bas, près de la noire, elle est malade.* Et pendant que je la regardais il s'est retourné, pour que je ne le voie pas, il a enlevé son sabot et a fait pipi dedans. Et puis après il a fait boire son urine à la brebis en me disant : *Tu vois petite, c'est le meilleur remède, demain elle sera guérie.* C'est vraiment drôle, tu ne trouves pas ?

- En effet, c'est curieux, mais efficace sans doute. Je pense que tous les bergers font la même chose.

Julie souriait en repensant à ce remède qui l'avait beaucoup surprise. À l'époque elle n'avait pas manqué d'aller constater la guérison de la brebis. Il lui fallait croire en l'honnêteté du père Victor, étant incapable de la repérer au milieu du troupeau. C'était d'ailleurs pour elle un véritable mystère. Comment distinguer chaque bête alors que pour elle, toutes se ressemblaient tellement.

Elle avait trouvé à louer une petite maison toute grise, construite en pierre calcaire du pays et coiffée d'un toit d'ardoises. Celle-ci ressemblait, sans être identique, à celle où elle avait vécu, à son arrivée au village, voilà de nombreuses années. Située dans le haut de la rue de l'école, elle comportait juste deux pièces, une grande cuisine et une belle chambre assez spacieuse pour y placer deux lits, le sien et celui de Marthe, sa commode et une grande armoire. Après un rapide calcul, elle s'était engagée de suite pour un bail de trois ans renouvelable. Elle allait garder sa locataire plus longtemps et ce gain couvrirait en partie ses frais de location.

Il lui faudrait cependant combler sa baisse de revenu d'une façon ou d'une autre. Toujours aussi efficace et rapide dans la prise de décision, elle avait trouvé une solution : elle allait faire retourner la terre de ce grand espace qui entourait l'atelier. Aidée de Marthe, toutes les deux y créeraient un potager et la récolte des légumes les nourrirait une bonne partie de l'année.

Dès le lendemain matin elle avait recherché hâtivement et trouvé assez facilement une personne intéressée par ce travail de quelques heures, largement rémunéré. Elle s'était adressée également à un ami paysan qui allait lui fournir du fumier pour enrichir la terre. Julie était pressée, le printemps étant proche, elle voulait pouvoir semer en temps voulu.

Son voisin cultivait depuis longtemps un magnifique potager et Julie avait bénéficié, plus d'une fois, d'un surplus de récolte. Un matin, il lui avait dit :

- Bonjour, je vois madame Julie que vous avez l'intention de jardiner.

- Eh oui. C'est tellement agréable de manger les légumes frais du potager.

- Vous avez raison. Je suis tout à fait d'accord avec vous et j'en profite depuis très longtemps.

- Sans expérience et novice en jardinage, Je n'ai guère d'illusion quant au résultat de ma première récolte. Jusqu'ici, toutes mes connaissances se sont limitées à arracher les mauvaises herbes, cueillir des fruits et récolter des légumes.

- Ce n'est pas un problème, si vous voulez je vous donnerai quelques conseils et je vous porterai quelques plants et des graines. J'en garde toujours trop et je les renouvelle chaque année aussi, j'obtiens souvent un bon rendement.

- J'accepte bien volontiers et je vous remercie. Je pensais en acheter, mais ne savais que choisir. Le marchand m'aurait peut-être bien conseillée.

- Sans doute, je pense, il vous aurait donné selon son goût et ses préférences. Alors, à bientôt. Je vais vous préparer un assortiment de graines et quelques plants. Je vous les porterai dans quelques jours et je vous dirai ce qu'il faut semer en premier. Je vous souhaite une bonne journée et bon courage.

- Bonne journée à vous aussi, et encore merci, vous me rendez un bien grand service.

Environ une dizaine de jours plus tard, Julie et Marthe s'empressèrent d'ensemencer, ayant réussi à préparer le terrain en temps voulu.

L'une comme l'autre allait surveiller la venue des premières pousses prometteuses. Toutes deux espéraient obtenir un bon résultat du travail accompli. Les douleurs de leurs corps, mal aguerris à ce genre d'exercice, seraient vite oubliées quand elles croqueraient avec plaisir leurs jolis radis roses.

# 8

À Nouméa et dans les environs, Arthur et Henri, pendant plusieurs années, partaient travailler ensemble sur le même chantier. Tous deux revenaient vers midi pour manger le repas préparé par la femme d'Arthur. Henri trouvait cette commodité agréable, très appréciable. Ça lui enlevait un souci et il profitait de ce réel confort. Il était peut-être même gagnant, Arthur le traitant en ami, le repas ne lui coûtait pas cher.

Après le repas, selon leur envie ils se reposaient, s'accordaient une sieste, ou se partageaient les quelques pages du journal local, *Les Nouvelles Calédoniennes*. Connaissant peu de personnes en ville comme en brousse, Henri lisait surtout les articles relatifs au développement de la ville et de l'île : l'annonce de travaux de voirie après le remblai des marais effectué par les exploitants de minerais, le projet d'aménagement du port, le tracé d'une nouvelle route en brousse.

Périodiquement le journal parlait des grands travaux entamés depuis 1903 du barrage de Yaté. Malgré la venue de quelques engins mécanisés utilisés sur les chantiers publics en métropole ou à Sydney, et compte tenu de son ampleur, la réalisation de ce gigantesque chantier serait, à coup sûr, de très longue durée. C'était certain, annonçait le journaliste, un grand nombre d'années serait nécessaire pour mener à terme cet ouvrage.

Henri surveillait aussi l'annonce des concerts qu'il ne manquait pas. Il aimait écouter la musique jouée par l'orchestre installé sous le kiosque, place des Cocotiers. Ce dernier lui rappelait ses vingt ans et ses souvenirs de jeunesse. Parfois un pot-pourri des airs en vogue de ce début de siècle l'entraînait à siffloter les refrains.

Quelques années plus tard, nos deux amis allaient également suivre avec intérêt l'événement important de 1909 : André Ballande, homme d'affaires bordelais, créait la *Société des Hauts Fourneaux de Nouméa*. Dès 1910, cette première usine de fusion située à Doniambo, avait été mise en service. Pour Nouméa c'était une entreprise importante qui fournissait de nombreux emplois. Fort heureusement l'usine n'était pas très proche de la ville car elle était source de pollution. Elle offrait certes un véritable spectacle, crachant jour et nuit, au rythme des coulées, des lueurs incandescentes illuminant toutes les installations et se reflétant dans les fumées expulsées vers le ciel.

Par la suite, certains ingénieurs ou chefs de service, ayant bien placé leurs économies, prendront contact avec nos deux amis, pour la construction de leur maison.

Leur collaboration, comme ils le prévoyaient, fut un réel succès. Inutile de dépenser en publicité dans la presse locale, le bouche-à-oreille avait fonctionné. Les commandes abondaient et malgré l'embauche pour former une seconde équipe dirigée par Henri, les deux amis allongeaient les délais et parfois se trouvaient dans l'obligation de refuser. Leur établissement, ayant peu de concurrence, avait réussi rapidement à consolider sa réputation en fournissant un travail vite fait et surtout bien fait.

Leurs clients étaient en majorité des particuliers pour des travaux d'entretien, de réfection de toiture après le passage d'un cyclone ou encore l'ajout d'une pièce à une habitation déjà existante. De temps en temps il y avait à construire une maison. Henri, excellent en dessin technique, faisait les plans tout en respectant au mieux les désirs du client. Arthur conseillait sur le choix des matériaux et plus précisément sur les bois dont il connaissait parfaitement la qualité et les avantages quant au vieillissement.

Leur parfaite entente tenait à ce respect établi entre eux. Chacun dirigeait dans le domaine qui lui était connu et jamais il ne leur était venu à l'esprit de se croire le meilleur et de chercher à dominer l'autre. En revanche, les décisions concernant le fonctionnement étaient toujours discutées et prises en commun : achat coûteux de matériel important, embauche d'un nouvel ouvrier, augmentation des salaires, acceptation d'un chantier et calcul de son prix en fonction des marges et des risques imprévus. Tout était bien réfléchi avant de prendre la décision. Si seulement Henri avait agi de même, sans doute ne serait-il jamais venu sur l'île. Malheureusement il ne ressemblait pas à Arthur, cette sagesse lui avait manqué. Irréfléchi n'est pas le terme qui le dépeindrait parfaitement, mais, ambitieux et trop entêté semblaient lui correspondre davantage.

Henri allait vivre plusieurs années en se contentant de son atelier pour tout logement. Se sentir chez lui et profiter de chaque instant de liberté, lui convenaient parfaitement et il est aisé de le comprendre. Les enfants du quartier avaient pris l'habitude de s'approprier ce grand terrain vague pour s'ébattre et s'adonner à leurs jeux. Ils disparaissaient à l'arrivée d'Henri et reprenaient leurs activités ludiques pendant son absence.

Puis un jour Henri rentra plus tôt et les surprit en train de jouer. *Ne partez pas*, leur dit-il, *cela me fait plaisir de vous voir taper dans le ballon comme je l'ai fait à votre âge. Vous pouvez venir vous amuser chez moi, cela ne me dérange pas.*

Les enfants, moins intimidés firent peu à peu connaissance, tout heureux de n'avoir plus à se cacher. Curieux et intrigués par les bruits de l'atelier deux d'entre eux, Raymond et Antoine Dumont, fils de ses voisins les plus proches s'enhardirent à lui demander s'ils pourraient venir le voir travailler. Henri n'accepta pas tout de suite, les gamins étaient encore petits pour se tenir bien sages. La peur de devoir les surveiller ne lui convenait pas.

Quelque temps après, il eut envie de faire un essai et accepta leur venue. Les gamins se ressemblaient beaucoup et étaient presque de la même taille au point qu'il les avait pris pour des jumeaux. Ils avaient en effet, juste dix mois d'écart.

- J'espère que vous allez vous tenir tranquilles, j'ai du travail et je n'ai pas le temps de vous surveiller.

- Oui monsieur. On veut simplement vous regarder.

Henri reprit son travail tout en jetant malgré tout un coup d'œil de temps en temps.

- Dites-moi, voilà une bonne heure que vous êtes là à m'observer et vous n'avez pas dit un mot. Je ne vous fais pas peur, j'espère ?

- Non, Monsieur, mais notre maman nous a bien dit de ne pas vous déranger.

- Je comprends, et comme vous lui avez bien obéi, vous pourrez revenir, mais à une condition, je ne veux plus vous entendre dire monsieur. Je m'appelle Henri et vous devrez dire père Henri.

- Oui, monsieur, c'est promis.

- Attention, rappelez-vous, je suis le père Henri maintenant.

- Au revoir, père Henri.

Et, à partir de ce jour, ce vieux monsieur était devenu pour eux comme un grand-père, peu causant, mais plutôt gentil, pas très beau avec un gros nez un peu granuleux, les cheveux toujours en bataille, mais très blancs comme sa barbe. Et très vite, par le biais des enfants, Henri devint pour tout le quartier le père Henri.

Ayant pris l'habitude de les voir régulièrement Henri avait fini par s'attacher à ces enfants, devenus très à l'aise et bavards, qui lui posaient de nombreuses questions sur le bois, et les outils utilisés. Sans réellement leur témoigner de l'affection, il prenait le temps de répondre de façon simple, compréhensive et accessible compte tenu de leur âge. Un peu de nostalgie parfois, en regrettant de n'avoir pu le faire avec son petit Léon.

Dans un mois Noël serait là à nouveau et Henri s'y préparait. Il voulait faire une surprise aux deux gamins. Bien cachés sous son lit, il prenait plaisir à leur fabriquer un cadeau. Le jour venu, il offrit à chacun un gros paquet un peu lourd pour leurs petites mains.

- Que pensez-vous trouver sous ce papier kraft, croyez-vous que ce soit un joli cadeau de Noël du père Henri ?

Pas de réponse, trop pressés et occupés à déchirer le papier d'emballage. Des cris de joie fusent alors accompagnés de magnifiques sourires.

- C'est pour moi, père Henri, c'est vrai ? Il est tellement beau le camion, c'est toi qui l'as fait ?

- Bien sûr, Raymond, et je suis bien content qu'il te plaise.

- Tu crois qu'elle peut rouler ma brouette ?

- Absolument Antoine. Assieds-toi dedans, tu vas voir.

Henri, courbé en deux, lui fit faire alors le tour de la pièce. Antoine riait et battait des mains, tout heureux. Raymond avait demandé soudain :

- Moi aussi, je peux monter dedans, je ne suis pas trop lourd ?

- Viens, c'est ton tour.

Henri était comblé, il ne s'attendait pas à cette explosion de joie et de bonheur. Les enfants voulaient partir de suite pour montrer aux parents leurs cadeaux, il les comprenait.

- Antoine, tu pourras facilement faire rouler ta brouette jusqu'à ta maison, mais pour toi Raymond j'ai prévu une cordelette pour tirer ton camion. La voici et je suis certain que tu vas voir où tu dois l'accrocher.

Henri les regarda partir tout attendri, une petite larme à l'œil. Cet instant vécu et partagé avec les gamins l'avait secoué et il se trouvait largement récompensé.

Au fil des années, Henri avait apprécié la douceur du climat, la beauté de l'île et de ses paysages. Certes, il avait dû s'adapter aux étés très chauds, mais toujours un peu tempérés par l'air de la mer partout présente. Ce qui lui avait paru difficilement supportable avait fini par devenir, peu à peu, beaucoup plus tolérable. L'être humain est ainsi fait, capable en toute situation de trouver sa place et de réussir à s'y sentir bien. Pour Henri, il lui avait suffi de changer de rythme de vie, de pratiquer la sieste aux heures brûlantes, de travailler aux aurores et au coucher du soleil.

L'environnement proche était très fleuri et plein de charme par le choix judicieux des plants aux multiples couleurs. Henri avait découvert avec bonheur les bougainvilliers, orchidées, gardénias, hibiscus qui se côtoyaient en harmonie parfaite. Une plante l'intriguait beaucoup, sorte de liane épaisse où s'accrochaient des fleurs rose fuchsia semblables, en plus grande taille, à la délicate fleur du liseron des champs.

Au cours des premières années, dans ses lettres à son épouse Henri avait écrit qu'il faisait cuire ses œufs sur la tôle du toit de son atelier. Il avait expliqué aussi l'inexistence de période de transition entre le jour et la nuit. Le terme, *à la tombée du jour* ou encore *entre chien et loup*, n'avait pas lieu d'être car le changement entre le jour et la nuit était de très courte durée.

Sans réellement se priver, il devait économiser fortement afin de se construire une petite maison. Deux pièces lui suffiraient, une chambre et une salle à manger avec un coin cuisine. Il menait une vie agréable ayant pour seul souci, sa petite personne. C'était une situation très plaisante, comparée aux ennuis vécus en France.

Trois de ses enfants étaient mariés et Marthe ne tarderait pas à faire de même, elle en avait l'âge. Quant à Léon, le petit dernier, il était apprenti chez un menuisier. Rose lui avait écrit pour lui annoncer son mariage et avait ajouté ces quelques nouvelles. Julie allait bien. Finalement, serait-il utile à sa famille ? cette question il se la posait souvent sans réussir à lui apporter une réponse.

Avait-il réfléchi, ne serait-ce qu'une fois, au combat de Julie face aux interminables difficultés, même si elle se retrouvait seule, sans enfant à charge ? Certainement pas, tout au contraire il avait cessé tout versement à l'annonce du départ en apprentissage de Léon. Il n'avait plus qu'une idée en tête, se construire une maison qui lui ferait un bon capital à la revente.

Son atelier se trouvait à quelques centaines de mètres de la baie de Sainte-Marie. Souvent le soir avant de se coucher et, à marée basse, il allait marcher pieds nus sur le sable humide. Par curiosité il avait rempli ses poches de nombreux coquillages ramassés en bordure de mer. Il voulait pouvoir les regarder tranquillement chez lui à son retour. Lors d'une promenade sur une autre plage, il avait trouvé des petites pierres utilisées localement dans la confection de bijoux. Intrigué, il avait rendu visite au bijoutier de la ville.

- Bonjour monsieur. J'aimerais savoir comment vous appelez ces pierres. J'ai vu en vitrine que vous aviez des bracelets et colliers faits avec les mêmes que celles-ci.

Henri sortit alors de sa poche celles qu'il avait ramassées sur la plage.

- Le nom est *œil de Sainte-Lucie* et désigne l'opercule d'un coquillage appelé Turbo Rugueux qui vit dans les eaux chaudes des océans Indien et Pacifique. Lorsqu'il grandit, il change d'opercule quand celui-ci n'est plus à sa taille. Il s'en débarrasse pour en refaire un nouveau plus gros.

- C'est curieux, je ne connaissais pas et j'ai vu qu'il y en avait beaucoup sur la plage.

- Brassé par la mer, cet opercule perd sa pigmentation orange et sa couleur va tendre vers le marron clair à foncé ou avec des nuances bleu foncé à vert, comme vous le voyez.

- Vous les utilisez donc pour en faire des bijoux fantaisie ?

- Oui, la quantité de ces petites pierres est importante, rejetée par la mer et sans cesse renouvelée. Aussi elles ont très peu de valeur marchande.

- Je vous remercie et j'espère ne pas vous avoir trop dérangé.

- J'ai eu le plaisir de vous renseigner et cela m'a pris très peu de temps. Bonne fin de journée.

- À vous aussi.

Henri fit un tri minutieux pour choisir les plus belles pierres et quelques jolis coquillages, et les envoya en France pour ses petites-filles. Nées après son départ elles ne le connaissaient pas, mais ce cadeau d'un grand-père inconnu leur permit, par collage sur une feuille de papier à dessin bien épaisse, de réaliser de jolies rosaces. Elles s'empressèrent de les emmener à l'école, très fières de les faire découvrir à leur maîtresse et à toutes les élèves. Ce fut l'occasion de parler de cette île lointaine, morceau de territoire français situé dans l'océan Pacifique.

Toujours très occupé par des petits travaux en vue d'améliorer son habitat, Henri s'octroyait malgré tout de plus en plus des journées de repos et de détente. Les bords de mer lui plaisaient toujours autant, mais il avait parfois une réelle nostalgie de ses belles forêts de feuillus.

Il était admiratif des chênes centenaires, gourmand des fruits des châtaigniers, très attiré par l'odeur subtile des sapins majestueux, aux troncs droits et élancés. Quel merveilleux souvenir il avait de ses sorties d'automne à la recherche et cueillette de savoureux champignons.

Aussi, par un beau dimanche de fin d'été, prit-il le train des voyageurs pour la Dumbia, région d'élevage et de culture proche des bois situés au centre de la Grande Terre. Celui-ci était composé d'une locomotive à charbon et de deux voitures. Loin d'être déçu, il était au contraire comblé de revoir les chevaux et les vaches dans les prés. Privé quotidiennement de ce paysage bucolique, il se pourrait qu'involontairement cette absence lui soit devenue pesante.

Henri avait parcouru au *Tabac Journaux* de la rue de l'Alma un fascicule sur la faune et la flore endémique d'une très grande richesse existantes sur les îles Loyauté. Il s'était empressé de l'acheter car il aimait connaître ce qui l'entourait. Sans être botaniste il savait apprécier les plantes et les fleurs. Les descriptions étaient accompagnées de dessins, parfois colorés. Il ne pouvait approcher de près la faune aquatique et n'était pas intéressé par les cinquante sortes de cigales habitantes de l'île. Mais il avait déjà vu souvent ce merveilleux papillon, du nom bizarre de *montrouzièri*, aux ailes bleu métallique bordées d'un liseré noir.

Parti tôt, il avait devant lui toute une journée pour profiter du paysage, respirer l'air pur et se promener. Il s'était dirigé vers les bois attiré par la fraîcheur à l'ombre des grands arbres. Il espérait également y rencontrer un *notou*, un pigeon gris apprécié pour sa chair et dont la chasse était réglementée. Sa particularité est d'être le plus gros pigeon du monde, son poids pouvant atteindre plus d'un kilogramme. Son plumage est gris ardoisé et son bec, ses yeux et ses pattes sont rouges. Peu actif il est capable de rester de longues heures sur une branche. Henri savait cela et avait grand espoir d'en voir au moins un pendant sa promenade.

Un autre oiseau local est le *méliphage noir* qui ressemble au corbeau par son plumage noir brillant, mais son œil est entouré de rouge et ses pattes sont jaunes. Il avait sélectionné deux autres oiseaux, le *guêpier* beaucoup plus petit au plumage multicolore, et la *perruche verte*. Si la chance n'était pas aujourd'hui de son côté, il demanderait à Arthur où il lui faudrait aller pour, avec certitude, réussir à les découvrir.

De retour chez lui, il était content de son escapade, heureux aussi d'avoir vu plusieurs *notous* et de très nombreux *méliphages noirs*. Dès le lendemain matin, de peur d'oublier, il avait posé sa question à Arthur :

- Où donc croyez-vous, Arthur, que je puisse voir des *guêpiers* et des *perruches vertes* ?

Jusqu'à présent, je n'ai pas eu l'occasion d'en rencontrer. Peut-être étais-je au mauvais endroit ?

- Pour les *guêpiers*, c'est facile, Henri, il y en a un peu partout, mais difficile de les voir car ils sont très petits et ne restent pas une seconde en place.

- Je n'ai pas fait attention, mais il est vrai que je ne regarde pas souvent la cime des arbres et leurs éventuels occupants.

- Vous serez obligé de vous déplacer, Henri, car les *perruches vertes* ont principalement élu domicile sur l'île des Pins et de plus, en dehors des oiseaux, cette île mérite franchement votre visite.

- Merci Arthur, j'y songerai. Ah, j'allais oublier : de quand date la construction de la bibliothèque Bernheim ? Le mois dernier, j'ai découvert ce bel édifice colonial qui me semble très récent.

- Vous avez raison. Cette construction représentait le pavillon de la *Nouvelle-Calédonie* à l'Exposition universelle de Paris en 1900. Certains pays ont déplacé et laissé en France leur bâtiment, mais l'île a récupéré cette merveille d'une légèreté et d'une élégance incomparable.

Peu bavards sur leur lieu de travail, nos deux amis en restèrent là et reprirent leurs occupations. Pas trop pris par son labeur, Henri repensait à cet immense *banian*, l'arbre sacré des religions hindouiste et bouddhiste, qui se trouvait devant la bibliothèque. Ce formidable caprice de la nature atteint parfois plus de vingt mètres de circonférence pour une hauteur de quarante mètres. La graine de cet arbre, déposée au gré du vent ou par un oiseau sur une branche, se développe sous forme de racines aériennes qui descendent le long du tronc et tombent jusqu'au sol pour s'y nourrir. Elles s'entrelacent et se soudent entre elles dans un enchevêtrement envahissant et impressionnant qui devient vite inextricable. Ces racines sont utilisées sur l'île pour la fabrication de flotteurs pour les pirogues.

Content de son acquisition du livret sur la faune et la flore, il était satisfait d'apprendre par lui-même sans avoir recours sans arrêt aux amis ou autres personnes.

Après une aussi longue absence, Henri ressentait un peu d'angoisse lorsqu'il pensait à Julie et à ses enfants. Léon son petit dernier, encore bébé à son départ, approchait les vingt ans. Impossible de le reconnaître bien sûr. L'idée de le croiser dans la rue et d'ignorer son propre fils le chagrinait parfois. Les naissances chez son fils aîné Henri, chez Blanche et Rose lui avaient été annoncées. Il était donc plusieurs fois grand-père. La vie s'était déroulée sans lui, et les nouvelles n'avaient plus traversé les océans depuis bien longtemps.

Pourtant pouvait-il leur en vouloir ? Ses dettes remboursées, il aurait pu s'organiser pour rentrer sans tarder auprès de sa famille. Le refus catégorique de Julie pour le rejoindre - il la connaissait bien - était sans appel, il le savait. Jamais elle ne reviendrait sur sa décision. Il était donc le seul responsable de son choix de vie qui avait entraîné la disparition de ses liens familiaux. Toujours préoccupé par son travail, il reconnaissait et se sentait coupable d'avoir consacré si peu de son temps à ses enfants. Les plus âgés, certainement peu encouragés par leur mère, auraient pu essayer de le comprendre, mais sans doute ne se sentaient-ils pas assez proches pour avoir envie de lui écrire.

Toutefois, pour Henri, sans éprouver un vrai mal du pays, l'idée du retour ne fut jamais abandonnée. Ce dernier était sans cesse mis en balance entre l'envie de repartir et la peur de commettre une erreur.

Ses dernières lettres réclamant la venue de Julie, succinctes et peu nombreuses, demeurèrent toujours sans écho. Les premières années, toute la famille attendait son retour et bien souvent, sous la dictée de sa mère, Rose écrivait en donnant quelques nouvelles en réclamant toujours une date de retour. Puis, ce fut, en réponse à son courrier, une simple carte postale au texte laconique du style :

*Tout le monde va bien, quand vas-tu revenir ? Baisers affectueux de nous tous.*

*Rose*

Et ensuite, plus rien.

Les mois allaient se suivre et Henri ne les verrait pas passer. Son temps libre était entièrement occupé par la construction de sa maison. Arthur lui avait proposé de l'aider, mais Henri avait refusé. Deux ou trois fois, il avait accepté l'assistance de deux ouvriers de son équipe pour des travaux impossibles à faire seul. Leur coup de main était plutôt rare, Henri très astucieux trouvait toujours un moyen pour parvenir à ses fins.

Très souvent bien fatigué par ce surcroît d'occupation, Henri se laissait emporter très vite par le sommeil et n'avait plus le temps de penser. Absorbé par son travail tout au long de la journée, le souvenir de sa famille s'estompait doucement et devenait de plus en plus lointain.

# 9

Julie fut contrariée et attristée lorsque Blanche lui annonça l'abandon de sa coquette maison. Elle était si heureuse de voir sa fille reprendre goût à la vie, sourire à nouveau et retrouver un parfait équilibre. Elle espérait ne plus la voir retomber dans cet état dépressif persistant et si long à évacuer.

- Tu sais Blanche, si Eugène a pris cette décision ce n'est pas de gaîté de cœur. À mon avis il ne peut vraiment pas faire autrement. Et puis c'est certainement momentané et pour une courte période.

- C'est justement ce qui m'inquiète car il ne peut pas me dire pour combien de temps. Il me dit qu'il n'en sait rien.

- À nouveau vous allez vous rapprocher et nous allons pouvoir nous voir beaucoup plus souvent. Tes petits sont si mignons et me font tellement de bien quand je les vois.

- Je te comprends, maman, mais en attendant nous allons retrouver cette vieille maison sans confort et cela va être dur pour nous tous.

- Je sais, tu as raison, mais tu dois te dire que c'est provisoire. Ce genre de problème fait partie de la vie qui, je le reconnais, est loin d'être toujours facile et agréable. Tu dois l'accepter afin de t'éviter d'en souffrir.

- Je vais essayer de supporter cette situation sans trop y penser, je te le promets.

Julie néanmoins ne pouvait s'empêcher de songer au côté positif, celui de voir plus souvent sa fille et ses petits-enfants, Marie et Pierre.

Eugène devait trouver une solution pour faire face à de sérieuses difficultés financières devenues importantes. Depuis le décès de son frère aîné il avait repris la direction de la carrière familiale. L'exploitation tournait au ralenti et la pierre n'était pas une denrée indispensable ou monnayable. Il venait d'être remercié, ses conseils ayant porté leurs fruits, et l'on n'avait plus besoin de ses services. Cela lui occasionnait une grande perte de revenus.

Sa maison n'était pas entièrement payée et il se trouvait dans l'obligation de la quitter pour en tirer un loyer. Pas question de reprendre leur ancien logement même si le montant de la location était modéré. Il avait décidé de regagner la maison de sa mère sans savoir le temps que cela durerait.

Blanche était catastrophée. Elle comprenait l'obligation de quitter sa maison pour en obtenir un revenu, mais se retrouver à nouveau, plus à l'étroit, sans confort, avec ses deux enfants dans la maison du Baldaquin, lui semblait intolérable. Sa belle-mère était décédée, depuis déjà quelques années. Les deux femmes s'étaient bien entendues, grâce surtout à Blanche qui, sans jamais se sentir chez elle, avait accepté de supporter beaucoup de choses.

Elle avait réussi à retrouver un parfait équilibre dans sa maison neuve entourée de ses deux petits. Elle ne savait pas si elle devrait vivre cette situation très longtemps, Eugène ne lui donnait aucune explication. Comme d'habitude il fuyait les questions embarrassantes et au lieu d'essayer d'y répondre il s'enfonçait dans un mutisme total. Blanche savait se taire elle aussi, toute insistance ne servant à rien, si ce n'était rendre le climat plus tendu sans pour autant obtenir satisfaction.

Marie allait faire sa première rentrée scolaire à l'école de Saint-Hérilay. Elle prendrait le repas de midi chez sa mémé Julie une bonne partie de la semaine.

Le jour venu, la maison d'habitation étant trop loin du village, Eugène avait emmené sa fille sur son vélo le matin et irait la rechercher le soir. La fillette était assise sur un petit oreiller posé sur la barre de métal et s'accrochait au guidon avec ses deux mains. Marie était menue et sa mère, fait rarissime, avait tenu tête à Eugène en exigeant la présence du coussin. Heureusement le trajet était rapide, à peine plus de cinq minutes, ce qui n'était pas trop long.

Tout s'était bien passé avec Madame Prouveur son institutrice. Enrichie d'une longue expérience de pratique scolaire acquise auprès des jeunes enfants, elle réussissait à leur plaire et à se faire adopter dès le premier jour.

Les mamans toujours un peu inquiètes en étaient très étonnées et ravies. Julie qui remplaçait Blanche avait constaté après quelques jours, le plaisir et l'envie de tout ce petit monde de se retrouver sur les bancs de l'école. Les bons points distribués aux plus sages se transformaient vite en image et, très fiers, les enfants rentraient chez eux avec leurs beaux dessins.

La venue précoce de l'hiver avait apporté un changement aux habitudes prises au cours de ces premières semaines. La distance à parcourir se faisait encore plus rapidement car Eugène avait, comme l'on dit, un bon coup de pédale. Marie, installée et protégée en partie du vent glacial par son père avait, malgré les moufles et les bas de laine, les mains et les genoux bleuis par le froid. À l'arrivée la fillette se réchauffait sous le grand châle de sa mémé Julie, heureuse de câliner un instant sa petite-fille.

Avec l'arrivée de fortes pluies suivies de la neige ses parents avaient décidé de la laisser pour la semaine chez sa grand-mère. Marie n'aimait pas le noir qui survenait à la sortie de l'école et se trouvait encore là le lendemain matin à son lever. Sa maman et son gentil petit frère lui manquaient beaucoup, aussi attendait-elle avec impatience la fin de la semaine pour retourner les voir et jouer avec Pierre.

La fillette avait beaucoup de chance car la maison de mémé Julie était toute proche, située à cinquante mètres du portail d'entrée de son école. Beaucoup d'enfants avaient un long chemin à faire à pied dans le froid, le visage fouetté et agressé par la pluie ou le grand vent.

En face de l'école se trouvait une boulangerie d'où s'échappait la bonne odeur de cuisson du pain sorti tout chaud du four. La petite écolière était très attirée par la boutique où régulièrement, à sa sortie de l'école en fin de matinée, elle allait acheter le pain pour sa mémé Julie. La marchande était très gentille et lui donnait, à chaque fois, un berlingot fruité. Sur le comptoir, enfouis au fond d'un gros bocal en verre, des bâtons et de fines tablettes de réglisse l'attiraient beaucoup. Les quelques sous donnés par sa maman et bien cachés sous le mouchoir restaient très peu de temps au fond de la poche du tablier. Dès le premier jour, elle allait acheter un bâton de réglisse qui lui durait toute la semaine.

La petite Marie avait trouvé un peu de place dans le lit de mémé Julie où, blotties l'une contre l'autre, elles s'endormaient bien au chaud sous l'édredon de plumes. Certains soirs Marie allait se coucher la première et tardait à s'endormir car elle entendait des petits craquements, légers bruits intermittents qui dans le noir l'inquiétaient. Sa grand-mère avait tenté de la rassurer en lui expliquant :

- Ce sont de tout petits vers installés dans le bois, qui grignotent, se nourrissent, se régalent et laissent des trous dans le vieux plancher ou dans les portes de l'armoire. Tu ne dois pas avoir peur. Ils ne te feront jamais du mal. Dors maintenant.

- Tu vas venir près de moi, je n'aime pas être toute seule.

Julie avait embrassé sa petite-fille en lui disant :

- Je vais venir bientôt.

Ce soir-là Marie, plus ou moins rassurée, allait toutefois s'endormir très vite. Peut-être un mois plus tard, elle avait rêvé des vers, devenus gros et très gourmands, qui envahissaient la chambre. Elle s'était réveillée alors, en poussant un grand cri, par crainte de les voir monter sur le lit. Dans ces moments d'angoisse, le câlin et le baiser de sa maman lui faisaient grandement faute.

Un objet dans la chambre la fascinait. Elle le regardait chaque soir avant de se coucher. Posée sur un napperon de dentelle sur le dessus de la commode, à l'abri sous son globe de verre, se trouvait une superbe petite horloge toute dorée. Son cadran de porcelaine blanche était marqué de chiffres romains bien noirs et garni en son centre de deux fines aiguilles dorées, elles aussi. Ces dernières tournaient lentement, la plus grande pour marquer la minute passée et la plus courte pour donner l'heure. Une note cristalline tintait pour annoncer la demie de l'heure en cours et, trente minutes après, une seule ou plusieurs notes précisaient le moment exact de la journée.

Marie aimait beaucoup l'entendre sonner et la trouvait très belle, véritable et unique joyau pour égayer la sobriété et l'aspect un peu sévère de cette chambre. La lumière y pénétrait à peine, par une fenêtre de faibles dimensions, et ce manque de clarté accentuait le côté sombre et un peu triste du lieu. L'enfant connaissait l'interdiction formelle d'y toucher et d'essayer de soulever la cloche de verre qui la protégeait de la poussière. Mémé Julie la gronderait très fort si, par malheur, elle venait à la faire tomber.

- Tu sais, Marie, Je l'ai reçue en cadeau le jour de mon mariage. Toute ma famille s'était groupée pour me l'offrir. Il y a très longtemps, j'étais toute jeune alors, comme ta Maman. Moi aussi j'aime bien l'entendre sonner et, pour éviter son interruption, je la remonte tous les jours avec une clef.

Marie, tout étonnée, avait alors regardé sa mémé Julie sans bien comprendre, incapable de l'imaginer avec un visage semblable à celui de sa jolie maman. Au fil des années les rides étaient apparues, témoins d'une grande fatigue accumulée. Les cheveux blancs étaient devenus envahissants eux aussi. Julie n'était cependant pas encore très vieille, mais les combats menés et sans cesse renouvelés avaient fini par laisser des traces. Pauvre femme, c'était heureux de ne pas savoir ce qui l'attendait.

En effet, quelques mois après la sortie de l'hiver, exactement le 28 juin 1914 aura lieu à Sarajevo l'assassinat de l'archiduc François-Ferdinand qui sera le prétexte et le déclencheur de la Première Guerre mondiale.

Lorsque celle-ci fut déclarée en France le 2 août 1914, l'affichage en mairie et la voix du garde champêtre annonçaient la mobilisation générale. Julie avait très peur, mais n'en laissait rien paraître. Son fils aîné Henri et Jules furent aussitôt mobilisés. Léon son cadet était déjà parti pour faire son service militaire. Il venait d'avoir vingt ans. Eugène avait perdu toutes ses dents quand il avait eu la fièvre typhoïde aussi avait-il été exempté de service militaire pour incapacité. Décapsuler pour dégager la poudre et charger le fusil lui était devenu impossible. Dans l'immédiat, il était heureux de cette exclusion dont la cause avait été bien mal supportée l'année de ses vingt ans.

Les deux fils de Julie, comme bien des jeunes de leur âge, ne faisaient pas de politique et ne cherchaient pas trop à comprendre. Leur vie était paisible dans ces villages un peu perdus et situés en pleine campagne. La mobilisation générale était déclarée et il leur paraissait impossible de s'y soustraire.

Aller se battre pour le plaisir et pour gagner, comme dans un combat de boxe, ne les avait jamais attirés, ni l'un ni l'autre. Au contraire, tous deux étaient de nature calme et non agressive. Physiquement, de taille et poids moyens, ils n'avaient pas un tempérament de bagarreur. Ils préféraient occuper leur temps de loisir à jouer d'un instrument de musique et faisaient partie, avec quelques amis, de l'orchestre du village. Henri s'était laissé entraîner par son beau-frère Eugène, et jouait chaque semaine déjà depuis plusieurs années. Par la suite Léon les avait rejoints et semblait être satisfait lui aussi.

La mairie où flottait en façade le drapeau tricolore était aussi la maison de la fanfare, habitée par des tambours, des clarinettes, des instruments de cuivre. Muette tout au long du jour et de la nuit, elle se réveillait une fois par semaine, le jeudi soir vers sept heures, comme par magie.

À la tombée du jour, de grands carrés de lumière sortaient par ses larges fenêtres et des hommes, en bavardant, assis en demi-cercle sur des chaises pliantes, préparaient leurs instruments. Les lutrins de fer supportaient les feuilles noircies de notes mélodieuses. Cornets à pistons, trombones, saxophones et trompettes une fois accordés, attendaient le signal de la baguette du chef. Dans un ensemble parfait les instruments jouaient des airs gais et harmonieux. Les sons s'échappaient dans les airs et tourbillonnaient tout au long de la rue, dépassant les toitures pour aller s'éteindre au-dessus des prairies.

Ah ! La répétition de la fanfare chaque semaine, charmant plaisir annonciateur de nuits douces et enchantées. Ils étaient nombreux à se dire le jeudi matin au réveil : *ce soir nous vivrons un instant de joie et d'harmonie en bonne compagnie.*

Faillir à l'appel de la patrie et couvrir de honte toute la famille leur semblaient tout à fait impensable. Ils se voulaient rassurants pour leurs proches, annonçant avec vigueur un combat de courte durée et sans bavures. La victoire serait certaine et les pertes toucheraient davantage l'agresseur. Tous fêteraient leur retour dans quelques semaines. Promis ils seraient là pour Noël.

En France et dans tous les territoires français, à la suite de la capitulation du pays lors de la guerre de 1870, les garçons depuis leur petite enfance, avaient été imprégnés à l'école de cet esprit de revanche, par cette petite phrase sans cesse répétée : *N'oubliez pas que nous devons récupérer l'Alsace et la Lorraine.*

Le temps pressait, juste une semaine et pas plus, c'est tout ce qui était laissé aux appelés pour faire leur baluchon, régler si possible leurs affaires et rejoindre leur régiment.

Le quai de la gare était noir de monde. Julie avait retrouvé son fils Henri accompagné de Lucie et de leur fille Denise. Celle-ci était beaucoup trop petite pour réaliser la gravité de ce départ. Elle était impressionnée par le nombre de personnes présentes qui s'y bousculaient. Elle voyait pour la première fois d'aussi près cette énorme locomotive accrochée à autant de wagons.

Les adieux étaient touchants et parfois déchirants. Les femmes voulaient être fortes et retenaient leurs larmes. Les hommes cachaient mal, par une gaîté excessive, leur propre anxiété. Ils promettaient d'écrire souvent et d'envoyer des bonnes nouvelles. La guerre n'allait pas durer longtemps, répétaient-ils, cherchant eux-mêmes à s'en persuader. Tous semblaient vouloir y croire et essayer de se tranquilliser. Des couples restaient enlacés jusqu'au départ du train. Il fallait alors, au lâcher de vapeur sonore, se quitter brusquement et courir pour monter dans ces wagons qui s'ébranlaient lentement au milieu des chants qui montaient, des mouchoirs qui s'agitaient et des mains meurtries et douloureuses par un appel cruel et une inévitable séparation.

Rose était restée près de sa fille et avait vu partir un Jules confiant, paraissant satisfait d'aller vivre une aventure. Elle n'arrivait pas à discerner s'il faisait le fanfaron pour la rassurer ou s'il était assez content de s'en aller pour soi-disant quelques semaines.

Marthe et Lucien s'étaient dit au revoir la veille. Ils se sentaient engagés après leur premier baiser. Ils seraient fidèles à cet amour naissant, tous deux en avaient fait le serment. Marthe allait l'attendre le temps qu'il faudrait et Lucien partait plein de courage.

- Promets-moi de faire attention à toi, je ne veux pas te perdre.

- Ne te fais pas de souci pour moi, j'éviterai le danger.

- Cela ne me rassure pas. Je t'aime, Lucien.

- Moi aussi je t'aime, je t'adore ma douce.

- Tu crois qu'elle va durer longtemps cette guerre ?

- Je ne sais pas. Sois sûre, je reviendrai très vite pour à nouveau t'embrasser tendrement, c'est si bon de te serrer dans mes bras. Merci pour cet instant de bonheur que je n'oublierai jamais.

- Pars maintenant, je ne vais pas pouvoir retenir mes larmes. Adieu, mon amour.

- Non Marthe, moi je te dis à bientôt.

De retour à la maison, Julie avait trouvé une lettre de Léon en garnison près de Saint-Médard en Gironde. Il faisait ses classes dans l'infanterie et se plaignait de ne pas encore avoir reçu de nouvelles depuis son départ. Le temps lui semblait long.

Julie avait bien repéré sur le timbre le tampon de la poste indiquant le lieu d'envoi, mais elle n'avait pas d'adresse précise. Elle était contente, cette fois il n'avait pas oublié de noter son adresse au camp de Souge et elle pouvait lui répondre de suite. Elle aurait aimé le faire beaucoup plus tôt, mais sans connaître son lieu de résidence, cela lui était impossible. Ce n'était pas un reproche, mais elle lui rappelait de ne pas oublier dans sa prochaine lettre de lui préciser tout changement, si son régiment venait à se déplacer.

La semaine suivante, c'étaient des nouvelles de Jules qui se trouvait en Charente au dépôt de Ruelle. Il avait rejoint le 41ᵉ régiment d'artillerie. Il ne savait pas combien de temps ils allaient rester là en réserve, occupés à faire des manœuvres et de l'entraînement. Les permissions étaient rares et très difficiles à obtenir car il fallait être prêt à partir d'un jour à l'autre. Tous pensaient que lorsqu'ils en auraient une, ce serait la joie pour eux de retrouver la famille. À leur retour à la caserne, le temps leur serait court avant de monter au front pour remplacer ceux qui s'y trouvaient déjà. Pour le moment, le fait de ne pas bouger était plutôt rassurant.

Depuis le 4 août, date de l'entrée des troupes ennemies en Belgique, des nouvelles alarmantes se lisaient dans tous les journaux. Les événements extérieurs devenaient inquiétants avec l'avance des troupes allemandes qui se rapprochaient chaque jour davantage. C'était l'exode pour beaucoup de frontaliers. Les gens s'étaient laissés envahir par une peur injustifiée, basée sur des rumeurs sans fondement, des bruits venus d'on ne savait où et qui couraient en semant la panique.

*Il faut partir, nos vies sont en danger, les Cosaques sont des sauvages et tuent d'un coup de sabre, femmes et enfants.*

En toute hâte, les carrioles étaient attelées et chargées. Les familles, comme emportées par un vent violent, se retrouvaient très nombreuses sur les routes.

Tout se disait et vraiment n'importe quoi. Les Cosaques de l'armée russe après la défaite de Napoléon étaient, en effet, entrés dans Paris et avaient envahi les Champs-Élysées, mais c'était en 1814, voilà un siècle. Ils avaient été gratifiés de méfaits cruels et impardonnables. Les atrocités en temps de guerre avaient, très malheureusement, toujours existé. Mais actuellement, il fallait lutter contre l'armée germanique et combattre les uhlans, cavaliers armés d'une lance semblables aux lanciers des armées françaises.

À Saint-Hérilay nos femmes s'affolaient, elles aussi, leur village se trouvait à quelques kilomètres de la frontière belge. Julie voulait s'en éloigner et avait décidé de partir avec ses filles et petite-fille. Un matelas avait été installé dans la voiture attelée en urgence, pour Rose souffrante et brûlante de fièvre. En guise de berceau, un grand carton garni de serviettes de toilette accueillait la petite Jenny, âgée de quelques semaines.

Blanche était venue les rejoindre contre l'avis d'Eugène qui jugeait totalement inutile de s'enfuir. Elle voulait conduire l'attelage pour sa mère et ses sœurs, ces dernières se sentant incapables de le faire. Elle souhaitait les emmener à l'abri le plus loin possible et fuir l'ennemi qui avançait. Eugène gardait ses enfants et ne voulait pas s'en aller. Il n'avait pas réussi à empêcher sa femme de partir. Pour lui c'était de la folie et ça ne servait à rien. Blanche lui avait promis de revenir dès qu'elle le pourrait.

La voiture des quatre femmes avançait très lentement en raison d'un encombrement de la route devenu de plus en plus dense. Attelages, mais aussi tout ce qui roule, landaus, poussettes, brouettes, vélos, tout était surchargé et garni parfois d'objets étonnants. Dans l'affolement et la précipitation, rien n'avait été réfléchi, il fallait avant tout faire vite. Le cheval allait à très faible allure et avait parcouru peu de distance en fin de journée.

À l'approche de la première ville trouvée sur leur parcours, Julie avait décidé de s'arrêter pour y passer la nuit. Elle s'inquiétait pour Rose de plus en plus fiévreuse et commençait à penser qu'elle avait fait une erreur en partant avec une malade. Si son état, après une bonne nuit était favorable, elle avait de toute façon décidé de repartir, dès le lever du jour, en direction de la Bretagne.

Elles s'étaient rangées sur le bas-côté de la route en apercevant un convoi militaire qui venait en sens inverse. La voiture de tête s'était arrêtée près d'elles pour leur demander de mieux se garer afin de laisser plus de place pour les gros véhicules. L'homme, qui avait parlé en français et se tenait à l'arrière de la voiture automobile, était un officier allemand. Blanche s'enhardit alors et lui répondit :

- Ma sœur est souffrante, nous avons besoin d'un médecin.

- Placez-vous à l'entrée de ce champ. Dès que le convoi sera passé, vous me suivrez. Je suis médecin et je vous attendrai à l'entrée de la ville.

Trop contente de pouvoir faire soigner Rose, dont l'état semblait s'aggraver de plus en plus, Julie prit immédiatement la décision de suivre ce médecin allemand.

Après avoir dépassé les premières maisons, Blanche avait aperçu l'officier qui se tenait près de l'une d'entre elles. Elle s'était approchée puis arrêtée devant lui. L'officier avait réquisitionné une chambre pour la nuit.

- Vous allez pouvoir rester ici jusqu'à demain dans une chambre avec un lit pour la malade. Allez l'installer je vais l'examiner.

Après son examen et les soins terminés, le médecin s'était adressé à Julie :

- Vous ne pouvez continuer sans mettre la vie de votre fille en danger. Rentrez chez vous, dès demain matin. La population s'affole mais ne risque rien. Les gens ont tort de craindre les militaires. Vous êtes dans une zone de repli et aucun combat n'aura lieu chez vous. Habitez-vous loin d'ici ?

- Non, pas du tout. Nous venons de Saint-Hérilay, un petit village, mais la route était tellement encombrée que nous avons progressé lentement.

- Vous pensez rejoindre votre maison dans la journée ?

- Cela devrait être possible, je l'espère.

- Je vous laisse ce médicament et votre fille devra prendre un cachet par jour le matin pendant cinq jours. Ce traitement est efficace et elle va se rétablir très vite.

- Je ne sais comment vous remercier. J'ai pris peur, mais c'était de la folie de partir avec elle dans son état.

- Prenez soin de vous et bon retour.

Le trajet en sens inverse fut tout aussi pénible, difficile et encore plus long. Les gens voulaient avancer coûte que coûte et refusaient de se déplacer légèrement pour laisser passer. C'était, pour beaucoup d'entre eux, le chacun pour soi. Il fallait à tout prix fuir le danger et s'éloigner le plus loin possible même s'ils ne savaient pas où ils allaient.

L'officier allemand était passé au village trois jours plus tard pour prendre des nouvelles de Rose. Fatiguée, celle-ci restait alitée mais la forte fièvre avait beaucoup baissé. Julie avait laissé le médecin entrer chez elle. Après avoir examiné Rose, il avait accepté de boire un café. Julie l'avait remercié vivement d'avoir pris soin de sa fille et de les avoir bien conseillées.

Dans un village de taille modeste tout se voit et tout se sait. C'est ainsi que pendant toute la période de guerre les trois femmes, Julie, Rose et Marthe, allaient être tenues à l'écart par une partie des habitants qui criait au scandale.

Julie avait accepté de recevoir l'ennemi chez elle. Elle n'avait rien à se reprocher et ne donnait aucune explication relative à cette visite. Elle était totalement libre de ses actes et considérait qu'il s'agissait de sa vie privée. Elle avait demandé à ses filles d'agir de même. Elle ignorait la bêtise de ceux qui évitaient de la croiser. Pendant quelque temps elle allait continuer à leur dire bonjour ou les saluer d'un petit signe de tête. Dans peu de temps elle les considérerait comme des gens sans intérêt, qui lui deviendraient entièrement étrangers.

Cette longue période d'incertitude et d'attente de lettres de ses fils était sans doute bien pire encore. Julie avait depuis longtemps volontairement oublié Henri, son mari, qui ne donnait plus signe de vie. Elle reconnaissait en être responsable. Après quelques lettres envoyées sans réponses, il était assez normal que, découragé, il ait abandonné. Jour et nuit Julie polarisait toute son attention sur ses deux fils et ne pouvait s'en empêcher. Elle guettait le facteur quotidiennement.

Marthe attendait, elle aussi, une lettre de son cher amour. Pour elle comme pour Julie le facteur, au cours de ces premiers mois d'éloignement, était devenu le livreur assez régulier d'agréables missives plutôt rassurantes. Léon faisait ses classes, Henri et Lucien étaient en cantonnement à l'arrière.

Jules de son côté avait beaucoup de chance. Il avait été dirigé vers Paris où il exerçait son métier de maréchal-ferrant. L'armée avait besoin de ses services pour ferrer les chevaux et sauf imprévu, il ne devrait pas bouger. Rose était enchantée car dans l'immédiat il ne risquait rien. Jules l'ayant rassurée restait très avare de nouvelles. Elle aurait aimé en recevoir plus souvent et se sentait délaissée et un peu oubliée.

Marthe était tout heureuse, son Lucien avait une permission de huit jours et elle l'attendait. Quel bonheur de passer plusieurs heures ensemble, chaque jour, en évoquant de belles idées sur leur avenir. Surtout éviter de parler du conflit qui n'avait déjà que trop duré. Peut-être ignorait-elle que ce retour en famille serait sans doute suivi rapidement de la montée au front. Lucien de son côté, trop content d'être auprès d'elle, ne tenait pas à ternir ces courts et délicieux instants. D'ailleurs il ne savait rien de précis, les ordres arrivaient toujours la veille pour le lendemain, mais les derniers permissionnaires, dès leur retour, n'avaient pas tardé à partir au combat.

Julie l'avait compris ou deviné et elle lui savait gré de ne rien dire. Lorsqu'il repartit, à l'opposé de son attitude habituellement très réservée, elle l'avait serré très fort dans ses bras et lui avait murmuré :

- Bonne chance, mon petit.

Lucien lui avait souri et lui avait dit bien fort :

- Au revoir, madame, à la prochaine !

Tout en baissant la voix, il avait ajouté :

- Ne craignez rien, ils ne m'auront pas.

Lucien avait rejoint sa famille pour une dernière soirée.

Marthe ne voulait pas aller le retrouver le lendemain sur le quai de la gare, elle avait peur de lui enlever tout son courage si elle n'était pas capable de retenir ses larmes. Une dernière lettre allait lui parvenir, environ deux semaines plus tard. Lucien annonçait le déplacement de son régiment pour se rapprocher des lieux de combat, mais il ne savait rien de plus. Il promettait d'écrire bientôt pour donner sa nouvelle adresse et en dire davantage si possible.

Julie était informée régulièrement par Cécile, une infirmière native du village qui soignait les blessés à l'arrière du front. Ceux-ci étaient de plus en plus nombreux, parfois dans un état désespéré. À chaque nouvelle arrivée de blessés, Cécile faisait son tour pour repérer un visage ou découvrir un nom. Par deux fois déjà, elle avait averti des familles afin de les rassurer, leur fils blessé légèrement était au repos et en attente de guérison. Julie aurait été heureuse d'apprendre que ses fils, eux aussi, étaient à l'abri pour un temps, blessés toutefois sans gravité et, si possible, retenus loin des combats jusqu'à la fin de cette horrible guerre. Son petit Léon avait fini ses classes, mais était maintenu en réserve. Julie était furieuse en pensant à ces enfants de vingt ans qui seraient sacrifiés si besoin était. Elle craignait en permanence pour son fils Henri et voilà que maintenant, l'armée lui volait son cadet. Elle allait trembler davantage encore.

Le mois dernier, Cécile exténuée avait pris une semaine de congés. Julie l'avait rencontrée et à demi-mot elle avait parlé de toute l'horreur vécue. L'hôpital de campagne, très mal équipé, manquait de médecins. Les soins étaient pratiqués par les chirurgiens, souvent sans anesthésie dans des conditions épouvantables. Deux ou trois verres d'alcool remplaçaient pour aider à supporter la douleur. Les cas les plus graves, jugés sans espoir, étaient souvent abandonnés. Pour tous les soignants c'était extrêmement difficile à accepter. Les premiers mois, elle avait eu la chance de s'occuper des blessés légers, mais, par roulement, elle se trouvait depuis plusieurs semaines au bloc opératoire et avait énormément de mal à supporter.

- Si tu savais Julie à quel point j'ai hâte que cette boucherie se termine. Tu ne peux pas imaginer.

- Je te comprends c'est en effet horrible.

- Je regrette, j'aurais dû garder toute cette souffrance en moi et ne rien te dire. Tu vas craindre encore plus pour tes fils maintenant. Je te promets, s'ils arrivent un jour à l'hôpital, même pour une blessure légère, je ferai tout ce que je pourrai pour les garder le plus longtemps possible et les envoyer ensuite en convalescence.

- Merci Cécile. Ton congé est déjà terminé, comment fais-tu pour avoir le courage de retourner dans cet enfer ?

- Il le faut. Tous ont besoin d'être soignés et c'est mon devoir. Je te laisse. Bon courage à toi aussi.

- Tu as bien du mérite et je t'admire d'être aussi vaillante. Au revoir et espérons que cette guerre se termine bien vite.

Cécile avait évité de dire que dans leur délire les mourants réclamaient leur mère et qu'elle serrait leur main en les embrassant sur le front et en leur disant : *Dors mon enfant, je suis là près de toi.*

De plus en plus inquiète, Marthe rendait visite à la famille de Lucien qui n'avait pas reçu de lettre et ne pouvait la réconforter. Période angoissante pour tous, mais où subsistait toujours de l'espoir. Rose ne savait comment la rassurer et se sentait presque gênée d'avoir son mari à l'abri des combats.

À la vue des gendarmes une crainte incontrôlée gagnait les familles, la hantise de les voir venir frapper à leur porte. Leur rôle était devenu pénible et difficile dans tout le pays, car ils étaient presque toujours annonciateurs de la pire des nouvelles.

# 10

L'archipel fut découvert en 1774 par James Cook. D'origine écossaise par son père, et en référence à un massif montagneux du nord de l'Écosse dénommé Calédonie, le navigateur baptisa l'atoll du nom de *Nouvelle-Calédonie*.

Cet archipel est composé de l'île principale, dite la Grande Terre et des îles Loyauté : Kunié, la plus proche de Nouméa, appelée également par James Cook, île des Pins, en raison de l'abondance des pins colonnaires, Maré la plus secrète, Lifou la plus grande, Ouvéa la plus parfaite, Tiga la plus petite, ainsi dénommées par les Nouméens.

Dans ces atolls bien différents de la Grande Terre, le plateau calcaire s'élève rarement de plus de 100 mètres au-dessus du niveau de la mer. Percé de multiples grottes, il tombe à pic dans la mer ou n'est séparé d'elle que par une étroite terrasse côtière. Plages de sable blanc, lagons turquoise, récifs de coraux, tous ces multiples paysages, véritablement somptueux, sont offerts à toute personne ayant la possibilité d'aller les découvrir.

Très indépendantistes, ces îles avaient connu autrefois une véritable guerre de missions occasionnée par la présence des évangélisateurs protestants anglais et des missionnaires français catholiques. Annexées par la France dans les années 1860 elles furent déclarées, réserve autochtone en 1899.

Cette mesure, destinée à protéger les indigènes des colons qui ne pouvaient s'y installer, interdit encore aujourd'hui aux Européens de s'y établir.

Au début du XX^e^ siècle, les Kanaks, peu acceptés à Nouméa, vivaient principalement dans la brousse au nord et au sud de l'île. Les tribus, très nombreuses, étaient sujettes à de perpétuels conflits entre chefs. Les voies de communication se limitaient à quelques chemins entre la ville et la brousse.

Henri était content d'avoir pu rassembler quelques informations sur son pays d'adoption. Toutefois il avait constaté que le problème du langage faisait obstacle à la communication entre les tribus kanakes et les personnes venues de la métropole.

De nombreuses années passeront avant que les jeunes Kanaks ayant appris le français à l'école se retrouvent, à l'âge adulte, tout à fait à l'aise à Nouméa.

Il faudra atteindre presque la moitié du XXe siècle pour que les Kanaks soient reconnus citoyens français et obtiennent le droit de vote.

La Grande Guerre, Henri allait la suivre de très loin. Il verrait partir de nombreux Kanaks enrôlés pour aller défendre la patrie lointaine. Il n'avait pas particulièrement la fibre patriotique et, comme tout homme sensé, il savait que toute guerre était surtout destructrice et cause de drames et d'horreurs.

Parmi les colonies françaises, la participation de celles du Pacifique avait été proportionnellement une des plus fortes.

À Nouméa un ordre de convocation des hommes appartenant aux classes 1907 à 1911 avait été ordonné le 13 mars 1915. Ces hommes devraient se présenter à la caserne d'infanterie le 1er avril.

Composé de réservistes et d'actifs, appelés les *Niaoulis*, un premier contingent de 550 hommes calédoniens était parti le 23 avril 1915 sur le *Sontay* des Messageries maritimes. Ce navire avait accosté à Marseille le 26 juin 1915 après quatre escales à Sydney, Perth, Colombo et Port-Saïd. Une grande partie de ces hommes avait rejoint Lyon où les soldats étaient restés pendant sept mois à l'entraînement au camp de Valbonne. Les autres, environ 250 hommes, avaient été affectés à l'armée d'Orient à titre de renfort. Ces derniers avaient pensé être chanceux en espérant retrouver un peu le climat de leur île.

Le 4 juin 1916, le bataillon des tirailleurs du Pacifique était parti à son tour pour la métropole, composé de deux compagnies kanakes et de deux tahitiennes. Par la suite la Nouvelle-Calédonie avait fourni trois autres contingents.

La guerre de 1870 avait été peu meurtrière, il est vrai, car très vite interrompue par un traité de paix à l'avantage de l'adversaire. La peur de ne pouvoir contenir et régler le soulèvement de la Commune à Paris, sans l'appui des militaires, Adolphe Thiers, chef d'État de la III^e^ République, avait décidé cet armistice pour faire rentrer à Paris les troupes parties au combat. L'arrêt du conflit allait coûter à la France la perte de l'Alsace et de la Lorraine.

Depuis, la majorité des écoliers avait été conditionnée, dès son entrée à l'école primaire. L'instituteur avait reçu l'ordre d'instruire les enfants, en insistant chaque jour sur la perte de ces deux régions qu'il faudrait reconquérir.

La France était de nouveau en guerre et les appelés étaient bien loin de connaitre toute l'horreur des combats. Confiants ils ne voulaient surtout pas faillir à leur devoir. C'était pour eux un honneur de partir défendre leur patrie, même si cette terre de France leur était totalement inconnue, et c'est avec fierté que tous endossèrent leur tenue de soldat.

Henri savait que ses deux fils étaient en âge d'aller combattre et que sa présence auprès d'eux ne pourrait rien changer. Il aurait été obligé de les encourager et même de les rassurer alors que, davantage conscient du danger, la peur aurait été chez lui bien plus forte encore.

Cherchant sans doute à se tranquilliser il se rendait assez régulièrement auprès des autorités compétentes pour essayer d'obtenir quelques renseignements. Mais, jusque-là, la liste des morts et des prisonniers concernait les engagés partis de l'île et non les combattants de la métropole.

Alors il s'était tenu au courant auprès des familles qu'il connaissait et qui avaient des soldats partis combattre. Les multiples envois de cartes postales témoignaient de leur présence sur le front. En 1916 ils étaient dans la Somme où en septembre une cinquantaine d'entre eux était tombée au champ d'honneur alors que d'autres étaient prisonniers ou portés disparus. Les Calédoniens allaient combattre ensuite en 1917 près de Verdun au Chemin des Dames et en 1918 ils se retrouveraient en Picardie. Les familles étaient de plus en plus nombreuses à pleurer leurs morts.

Au fil des semaines Henri allait donc découvrir, à la lecture des écrits reçus au sein des familles, le quotidien infernal de tous ces jeunes dans les tranchées, la peur au ventre, la boue jusqu'aux genoux. Entourés des corps déchiquetés par la chute incessante des obus ils subissaient la perte d'un frère ou d'un ami. Aidés d'une bonne dose d'alcool et poussés par un esprit de vengeance, ils repartaient à l'assaut, prêts à embrocher l'ennemi. Peu d'entre eux osaient décrire à leur famille les atrocités de cette boucherie. Ils ne voulaient pas inquiéter leurs parents, mais craignaient de ne jamais revenir :

*- Si je n'ai pas la chance d'en sortir vous pourrez être fiers de moi. Je vous aime.*

Ils combattaient d'autres hommes, semblables à eux-mêmes qui, loin de leurs familles, n'avaient pas voulu de cette guerre, et souhaitaient l'arrêt du conflit. De chaque côté les pertes étaient énormes.

À Nouméa, dès le début des hostilités, l'administration et le gouverneur, représentant de l'État dans la colonie, avaient été amenés à prendre des mesures dans le domaine économique et social. Les navires des Messageries maritimes étaient réquisitionnés et les communications depuis Marseille étaient interrompues provisoirement. Les plus importantes de ces mesures allaient certes concerner le blocage des navires, mais entraîner aussi une augmentation importante des prix et la monopolisation des denrées.

Les hommes kanaks des tribus et de jeunes colons de brousse, venus de la métropole dans l'espoir de faire fortune, s'étaient installés, en grande partie dans la région de Bourail. Conséquence économique directe de leur mobilisation, les propriétés agricoles étaient mises en vente ou en gérance. Les quelques femmes épousées sur l'île ne se sentaient pas capables de gérer seules l'exploitation. Il n'y avait plus de main-d'œuvre pour s'occuper des récoltes : cueillette du café, du coton ou de la canne à sucre. Certaines filières furent d'ailleurs abandonnées.

L'île était montagneuse et la surface cultivable était faible, 10 % environ. Il y avait un peu d'élevage de bovins pour la viande. Fruits et légumes tels que les *ignames, tarots, patates douces* et *bananes,* restaient une grande richesse pour subvenir aux besoins de la population. Les anciens, restés au pays, étaient peu nombreux à avoir repris la pêche et les femmes, inventives mais aussi très courageuses, n'osaient toutefois pas affronter la mer.

D'autres facteurs naturels tels que la pauvreté des sols, la sécheresse, les cyclones et parfois les inondations, ne facilitaient pas le développement de l'agriculture. Les terres cultivées se situaient principalement dans le nord de l'île, peuplées presque entièrement de tribus kanakes.

Cette pénurie d'approvisionnement régulier par mer depuis la métropole allait, en effet, poser bien des problèmes. Les combats très lointains incitaient les habitants à envoyer des colis à leurs proches. Nullement habitués à des hivers froids, ceux-ci réclamaient écharpes, chaussettes et gants, aussi les femmes tricotaient avec ardeur. Elles ne pouvaient expédier des denrées du pays, le seul acheminement par bateau étant devenu quasi inexistant.

Henri se sentait tout de même privilégié, car il avait toujours la possibilité de poursuivre son travail. Toutes les constructions en bois permettaient un assemblage par mortaise et tenon et l'utilisation de chevilles solutionnait le manque de vis et de clous. Il essayait de vivre en gardant son rythme habituel dans le but d'honorer les commandes en cours.

Malgré cela, penser à ses fils et à l'anxiété de Julie, était devenu son souci permanent. Il n'avait jamais envisagé une telle situation. Impossible dans l'immédiat de combler cet éloignement afin d'être auprès d'elle pour la soutenir et la réconforter. Comme elle devait se sentir seule et abandonnée !

Un trafic aérien militaire permettait de recevoir, environ une fois par mois, du courrier, mais Henri appréhendait l'arrivée d'une lettre qui fatalement serait porteuse de mauvaise nouvelle.

# 11

Presque trois ans s'étaient écoulés depuis le 2 août 1914, date officielle de la déclaration de guerre, lorsque Lucie arriva au village avec sa petite Denise. Elles avaient mis toute la matinée pour couvrir la distance qui les séparait de la maison de mémé Julie.

Le trajet à pied était bien long pour des petites jambes. Une fois encore, la jeune mère s'était armée de patience et avait usé de beaucoup d'habileté, s'autorisant des arrêts de plus en plus fréquents. Après chaque forte montée, où l'enfant pleurnichait et se faisait traîner, elles avaient pris le temps de boire un peu d'eau ou de grignoter un morceau de pain. Denise avait demandé, une fois de plus :

- Dis maman elle est encore loin la maison de mémé Julie ?

Sa mère lui avait répondu :

- Encore un peu de patience, tu vas bientôt apercevoir le clocher du village.

À son arrivée Lucie, trahie par la tristesse qui se lisait sur son visage, était tombée en pleurs dans les bras de Julie. Les mots étaient inutiles, la mort venait de frapper pour la première fois, Julie le savait. Marthe avait emmené de suite la petite Denise chez sa sœur Rose pour voir Jenny, sa cousine. La fillette avait grande envie de jouer avec cette jolie poupée vivante, d'à peine trois ans. Elle avait peu l'occasion de la voir compte tenu de l'éloignement entre les deux villages. Rose les avait accueillies en souriant, mais avait tout de suite compris. Immédiatement elle avait deviné l'horrible nouvelle, annoncée par la venue de Lucie.

Denise, un peu reposée de sa longue marche, s'amusait avec les jouets de Jenny et semblait très heureuse et parfaitement détendue. Lucie ne lui avait certainement encore rien dit, elle n'en avait pas eu le courage. Pour l'enfant, son père était absent depuis de longs mois et elle avait cessé de le réclamer. Les rires des deux petites fusaient parfois jusqu'aux éclats, témoins de leur joie de vivre et de leur insouciance, richesses de la petite enfance.

Les pleurs d'une mère et d'une épouse avaient cessé. Un peu soulagée, Lucie avait réussi alors à parler et raconter. Elle avait appris le décès de son mari par les gendarmes, une semaine auparavant, mais elle n'avait pas eu la force de venir plus tôt. Hier, elle avait reçu une lettre de son capitaine qui lui expliquait exactement ce qui s'était passé. Avec trois compagnons, Henri avait trouvé refuge à la ferme Mormont, du village de Louvemont situé non loin de Verdun dans la Meuse. L'explosion de plusieurs grenades lancées à l'intérieur ne leur avait laissé aucune chance. Ils étaient tous morts sur le coup et n'avaient pas eu le temps de souffrir ou de voir venir leur fin, tant ils avaient été surpris. Et Lucie avait précisé :

- Tous ont été enterrés sur place.

Elle ne pouvait pas en dire davantage. À cet instant, Julie devait sans doute penser comme elle, aux restes des corps entièrement déchiquetés et méconnaissables qui avaient été ensevelis. Lucie avait simplement voulu l'avertir du non-retour de son fils Henri, même dans un cercueil.

Ce drame Julie l'avait ressenti au plus profond d'elle-même. Un coup de poignard au plus profond de ses entrailles aurait été moins douloureux. Toutes deux avaient alors pleuré très longtemps, incapables de se porter secours.

Lucie ne voulait pas s'attarder, mais avait accepté de rester un jour ou deux. La petite Denise avait besoin de bien se reposer avant de faire le trajet inverse. Elle reviendrait plus tard quand elle réussirait à contenir ses pleurs. Julie la comprenait ayant elle-même beaucoup de mal à retenir ses larmes.

Après le départ de Lucie, Julie était sortie dans le jardin et s'était assise sur le vieux banc sous le pommier. Elle avait laissé couler les larmes qui lui inondaient le visage.

Cet enfant, pendant de longs mois, elle l'avait porté en son sein et nourri de son sang. Dans la souffrance elle l'avait aidé à sortir de son nid et à voir le jour. Tout heureuse, elle avait offert à son époux ce beau petit garçon, fruit de leur amour. Comme elle regrettait aujourd'hui de l'avoir mis au monde, pour apprendre qu'en pleine fleur de l'âge, son enfant mort laissait en pleurs une jeune veuve et une orpheline.

Lorsque son fils atteignit sa taille d'adulte aux environs de ses vingt ans, la ressemblance avec son père était tellement évidente que Julie revoyait son amour de jeunesse du temps où ils vivaient des jours heureux. Toujours de bonne humeur et très affectueux, il réussissait souvent, par sa présence, à lui faire oublier, ne serait-ce qu'une minute, les soucis du moment. Fier de lui présenter sa jolie petite Denise, il était ravi à son tour d'être père. Elle se souvient de cet instant de joie partagé où, en l'absence de mots inutiles, tout était dit dans leurs regards.

Blanche venait d'arriver et était anéantie en apprenant la mort de son frère. Elle avait pensé immédiatement à sa mère et à cette pauvre Lucie si jeune et déjà veuve. A cause de cette maudite guerre, leur vie de couple avait été de courte durée. Denise souffrirait moins et l'oublierait sans doute assez vite et c'était heureux pour elle.

Après avoir attendu un long moment Blanche avait rejoint sa mère. Elle l'avait vue saisir un coin de son tablier et s'essuyer le visage d'un geste rapide.

- Maman, tu me sembles bien fatiguée, tu n'as besoin de rien ?

Julie, en faisant un très gros effort, avait tenté de lui sourire.

- Tu es gentille, ma fille, mais je voudrais être seule encore un peu.

Blanche souffrait de sa totale impuissance, de son incapacité à trouver le moyen de la soulager. Cette douleur incontrôlable, elle l'avait ressentie à la disparition brutale, inattendue et foudroyante de son petit Gilbert.

Peu importe le moment où la mort vient vous surprendre, peu importe l'âge de l'enfant, pour une mère le drame est le même, l'ampleur du chagrin est semblable, l'intensité de la souffrance est identique.

Blanche avait subi, nuit et jour, cette brûlure profonde et lancinante qui la transperçait de la tête aux pieds, sans le moindre répit. Ce mal resté constant l'avait détruite chaque jour un peu plus, et lui avait retiré toute envie de vivre. Aucun remède ne pouvait refermer cette déchirure qui l'avait envahie. Ne plus penser, oublier ne serait-ce qu'un instant, lui était impossible. Elle avait perdu cet enfant, une partie d'elle-même, et n'avait pu le supporter. La plaie, toujours bien présente, ne guérirait jamais

Julie ressentait cette profonde douleur et avait tant souhaité que son petit Léon soit légèrement blessé afin d'être, pour un temps, à l'abri des combats. Elle vivait constamment avec cette crainte permanente. Elle avait perdu ce sommeil profond si réparateur, sa réelle source d'énergie pour affronter la journée à venir. Dès qu'elle apercevait les gendarmes, elle était prise d'un grand tremblement incontrôlable à l'idée que cette fois ils allaient venir frapper à sa porte. Soulagée, elle reprenait son travail et savait qu'il en serait de même le lendemain et jusqu'à la fin de cette horrible guerre.

L'été s'était installé succédant à un printemps magnifique. Par chance il n'y avait pas eu de fortes gelées tardives et les fruitiers promettaient une très belle récolte. Les cerises abondantes, juteuses et parfumées, avaient fait des heureux.

En cette fin de journée, le soleil prêt à disparaître diffusait encore une douce chaleur. Julie avait cueilli les premières tomates du jardin et préparait une salade accompagnée de quelques œufs durs. C'était un jour de gagné, dépourvu de l'annonce d'une affreuse nouvelle.

Marthe était partie à la ferme chercher du lait tout frais de la traite du soir. Elle ne devrait pas tarder, pensait Julie, l'heure était déjà bien avancée et peu propice aux bavardages. La fermière était d'ailleurs bien trop occupée.

Soudain, elle entendit que l'on frappait à sa porte. La peur, une fois de plus, l'avait envahie et paralysée. Ne bougeant pas, elle aperçut l'ombre d'un gendarme derrière le rideau de la fenêtre qui frappait maintenant au carreau. Avec difficulté, elle se dirigea vers sa porte d'entrée pour aller ouvrir. Pas de doute, à cette heure cette visite était porteuse de catastrophe.

- Ah, c'est toi François, tu viens bien tard.

- Madame Julie, je ne sais comment vous le dire. Je dois vous annoncer une très mauvaise nouvelle.

- Ne dis rien, j'ai compris, c'est mon Léon cette fois, cette saleté de guerre vient de me le prendre.

- Je suis désolé, madame Julie. Si vous saviez comme c'est difficile pour moi d'être porteur de la triste nouvelle et d'annoncer un tel malheur. J'ai vraiment hâte que cela se termine.

- Est-ce que tu sais où Léon a perdu la vie ? As-tu des détails ?

- Non, malheureusement. Nous avons une liste qui précise seulement que tous sont morts à Verdun. Il faudra peut-être attendre la fin de la guerre pour en savoir plus.

- Alors, bonsoir François. Je suis fatiguée.

- Voulez-vous que j'appelle quelqu'un pour vous aider ?

- Non, ma fille va rentrer bientôt.

Julie avait eu beaucoup de mal à rejoindre son fauteuil où elle s'était écroulée. Pas de cris, pas de pleurs, elle était restée un long moment, totalement assommée, comme engourdie et sans voix.

Marthe l'avait trouvée, les yeux hagards, apeurée et incapable de parler. Il lui semblait qu'elle la regardait sans vraiment la voir. N'ayant pas vu les gendarmes elle avait pensé que sa mère venait de faire une attaque, comme l'on disait à cette époque. Complètement affolée, elle courut chercher Rose. De retour quelques minutes plus tard, elles constatèrent un léger mieux. Julie les fixait, le regard vide. Elle réussit enfin à murmurer :

- Il est mort lui aussi, mon petit.

Marthe et Rose comprirent aussitôt le choc subi par leur mère qui malheureusement se trouvait seule. Léon venait, à son tour, de mourir à Verdun, lieu de la plus terrible bataille que l'humanité ait connue et qui peut s'enorgueillir d'avoir été la plus meurtrière de toute cette guerre. Par la suite le bilan serait très lourd, rien que pour la France, en pertes humaines. Les chiffres parlent d'eux-mêmes : huit millions d'engagés, un million de morts dont cinq cent mille à Verdun, trois millions de blessés. Quel carnage ! Les corps seront mis en terre au son du clairon, dernier adieu aux enfants morts pour la patrie.

Julie était totalement abattue. Comment survivre à autant de malheur ? Et quelques semaines plus tard, Marthe apprenait la mort de son cher Lucien. Toutes deux étaient inconsolables. Rose et Blanche les entouraient de toute leur affection, mais n'avaient aucune solution pour les soulager. La désolation se lisait sur tous les visages, pas une famille ne sortait indemne de ce conflit et toutes étaient touchées, de près ou de loin.

Le jour de leur départ, peur, anxiété, inquiétude ressentie due à la séparation, tout cela avait été masqué par un enthousiasme débordant et forcé. Recommandations, plaisanteries plus ou moins douteuses sur l'ennemi, rien ne manquait pour se donner du courage. Mieux valait alors se persuader d'un succès éclair, et se sentir fort, imbattable, intouchable. Le combat serait beau, loyal, propre, rapide aussi. Les pertes seraient surtout pour l'adversaire, tous reviendraient très vite. Tous ces hommes ou presque étaient jeunes et ne connaissaient pas la réalité d'un combat, la dureté d'un corps à corps. La formation reçue était avant tout théorique et les exercices militaires sans réel danger.

Eh oui ! Comme ils étaient beaux dans leurs uniformes bleu azur, vestes aux boutons dorés, les mollets sanglés de bandes molletières, à l'exclusion du casque de fer, du masque à gaz et du fusil à baïonnette qui leur seraient bientôt attribués.

Julie avait tenu le plus longtemps possible, elle s'était battue pour survivre et élever ses enfants. La mort de son fils Henri et l'annonce de la mort de Léon marquaient pour elle la fin de la guerre. Celle-ci allait se prolonger plus d'une année et les ravages causés seraient irréparables.

La joie ne sera pas entière pour les rescapés du massacre. Aidés de leurs proches, certains gazés ou estropiés allaient continuer à vivre sans jamais réussir à oublier. D'autres, plus fragiles, effrayeront leurs épouses ou leurs mères par les hurlements d'épouvante qui surgiront dans la nuit. Au petit matin, elles découvriront des êtres au regard terrifié de bêtes traquées vivant dans la terreur.

La mort avait surpris Henri brutalement, alors qu'il se sentait à l'abri avec ses camarades. Par contre, Julie ne connaîtra jamais les circonstances réelles de la disparition de son Léon et le regrettera toujours. Elle aurait aimé savoir, pour pouvoir se dire *au moins il n'a pas souffert*. Faible consolation !

Les insomnies de Julie étaient fréquentes, les cauchemars nombreux. Elle aurait aimé manquer d'imagination, pouvoir s'arrêter de penser à une agonie lente et douloureuse, où seul et sans aide, son enfant l'appelait à son secours. Elle se réveillait alors, trempée de sueur, haletante, en pleurs, torturée d'avoir été absente et incapable de le secourir.

Elle se sentait lasse comme jamais elle ne l'avait été. Le courage lui manquait, la volonté et l'envie de vivre aussi. Elle n'avait plus de force, elle était épuisée. Elle aurait voulu être capable de soutenir Marthe, mais ne trouvait pas les mots qui apaisent et ne savait comment la réconforter. Marthe de son côté ne pouvait l'aider, toutes deux souffraient en silence et se repliaient sur elles-mêmes. Elles n'osaient pas se regarder de peur de retomber en larmes en s'agrippant l'une à l'autre. Les jours s'écoulaient avec lenteur pour ces femmes déchirées par la perte de leurs chers disparus. Il leur fallait toutefois survivre, assumer leurs tâches quotidiennes et faire face à leurs responsabilités.

Traumatisée par la mort d'Henri, Julie ne s'était pas empressée d'en avertir son époux. Elle n'arrivait pas à lui écrire cette lettre, après de longues années de silence. Lentement les semaines s'étaient écoulées.

Quand Julie se décida enfin à écrire à Henri, elle dut l'avertir de la mort de leurs deux garçons, survenue à un intervalle d'un peu plus de quatre mois. Les difficultés d'acheminement du courrier en 1917 allaient contribuer sans doute, elles aussi, à retarder l'arrivée de cette missive.

Marthe était jeune et en bonne santé et avait devant elle tout un avenir avec l'espoir d'un projet de vie où joie et bonheur seraient réunis. Dans l'immédiat tout venait de s'écrouler, son Lucien s'était effacé à jamais.

Julie avait combattu et tenu au mieux son rôle de mère. Elle ne se sentait plus utile à ses grands enfants entièrement indépendants. Aussi n'attendait-elle plus rien des années à venir devenues pour elle sans intérêt. Combative et tenace, elle avait lutté, parfois avec acharnement pour réussir et s'en sortir. Maintenant il n'y avait plus d'obligation, de raison valable, de nécessité absolue pour la motiver et l'aider à reprendre goût à la vie.

Les efforts de guerre avaient ravagé et vidé les campagnes. Le manque de nourriture et d'argent sévissait pour toute la population. La dévaluation et les prix en constante augmentation étranglaient les rentiers et les plus valides d'entre eux étaient obligés de se remettre au travail.

Pour toute consolation, les familles endeuillées allaient recevoir un diplôme d'honneur, hommage de la nation au soldat *mort pour la France*. Cette mention était une récompense morale visant à honorer le sacrifice d'une vie pour sa patrie. Ce document serait remis aux familles des officiers, des sous-officiers et soldats des armées de terre et de mer décédés depuis le début des hostilités.

Julie souffrira jusqu'à la fin de sa vie de la perte de ses fils et la reconnaissance de la nation n'atténuera pas sa douleur. Elle n'avait jamais souhaité voir ses enfants devenir des héros de la Grande Guerre. Elle regrettait de les avoir mis au monde pour en faire des soldats obligés d'obéir et condamnés à aller se faire tuer.

De nombreuses jeunes filles de vingt à trente ans seront seules toute leur vie par manque d'hommes dans leur tranche d'âge. Certaines d'entre elles, très souvent influencées, feront le choix de ne pas quitter une mère veuve et sans ressource. L'État offrira une prime de mille francs par naissance pour repeupler un pays meurtri privé d'une grande partie de sa jeunesse. Tous les orphelins seront pris en charge et deviendront pupilles de la nation - aide appréciée des veuves mais qui ne leur apportera aucun réconfort. La population tout entière espèrera ne jamais revivre de telles années aussi sanglantes et meurtrières. La France se relèvera peu à peu sans jamais oublier.

Après la perte de Lucien, la jolie Marthe refusera toute relation amicale ou proposition sérieuse de garçon susceptible de l'épouser et restera fidèle à son serment. Le linge, brodé avec amour et imprégné de rêves merveilleux, prendra place bien pliée au fond d'un carton. Ce dernier sera découvert après sa mort dans un coin du grenier.

Rose recevait régulièrement des nouvelles de Jules qui s'estimait très heureux d'être à son poste de maréchal-ferrant. Il était conscient de la chance qu'il avait d'être à l'abri des combats. Il le sera encore davantage en apprenant les décès d'Henri et de Léon. Lui ne courait aucun danger.

Aussi avait-il demandé à Rose de venir avec Jenny le rejoindre près de Paris, mais Rose avait refusé. Elle ne voulait pas quitter sa mère et sa sœur.

Jules, dans la trentaine, jouissait d'une excellente santé. Il faisait partie des chanceux loin des bruits et des horreurs de la guerre. Bon vivant de nature, il aimait la compagnie et s'était fait quelques bons amis. Non loin de son campement se trouvait l'hippodrome de Longchamp où avait lieu le Grand Prix de Paris, course hippique la mieux dotée au monde. Créé sur le domaine de l'abbaye royale de Longchamp détruite à l'époque de la Révolution française, l'hippodrome avait été inauguré en 1857 en présence de l'empereur Napoléon III et de l'impératrice Eugénie. Peu à peu des guinguettes s'étaient installées en bordure de la Seine toute proche. Entraîné par ses amis Jules n'avait pas tardé à les découvrir.

Dès le début du conflit en 1914 les courses furent arrêtées et Longchamp servit de parc à bestiaux. On y réunissait des troupeaux de bœufs et de moutons en provenance des régions du Nord envahies par l'ennemi. Des soldats moissonneurs édifiaient sur la pelouse de magnifiques meules de paille et de foin. De son côté la Croix-Rouge américaine y avait dressé des postes de secours pour recevoir les blessés.

Toujours attiré par les chevaux Jules rêvait parfois de rester dans la région pour avoir la possibilité d'assister, l'armistice signé, à ces célèbres courses hippiques. Et c'est dans cette idée qu'il avait invité Rose à venir le rejoindre.

Démobilisé, Jules était revenu, heureux de retrouver sa femme et sa fille. Rose était peu expansive, mais l'avait accueilli cependant avec joie. Il n'avait plus le souvenir du bébé âgé de quelques semaines lors de son départ et avait retrouvé une jolie petite fille qu'il n'avait pas vue grandir.

Jenny n'avait pas été habituée à la présence d'un homme dans la maison et n'osait l'approcher. Elle s'était mise à crier lorsqu'il l'avait soulevée et l'avait embrassée, en la chatouillant avec sa grosse moustache. Elle avait eu peur. Le timbre de la voix de son père était fort et grave et, même s'il lui parlait en souriant, elle le craignait et pensait qu'il était en colère. Elle allait mettre beaucoup de temps avant de réussir à l'appeler papa. Jules, de son côté, ne connaissait aucune méthode pour l'apprivoiser. Un peu brusque dans ses gestes, il n'avait pas l'habitude et ne savait comment s'y prendre. La fillette, habituée aux câlins et aux voix douces des femmes qui l'entouraient, était peu attirée par ce père inconnu qui lui tombait du ciel.

Jules avait laissé derrière lui des amis, une ambiance de vie plus active dans une ville bien différente de son village. Il n'avait pas vécu et ressenti toutes les difficultés de cette période de guerre. Bien nourri, bien logé, le tabac fourni par l'armée et une solde suffisante pour s'offrir des plaisirs superflus, rien ne lui avait manqué. Il n'était donc pas entièrement satisfait, à son retour, de revivre au très grand calme dans son tout petit village situé en pleine campagne dans une région agricole. Il avait goûté à autre chose de plus vivant et avait côtoyé des personnes qui, après la semaine passée à travailler à l'usine, savaient dépenser pour s'amuser et étaient loin de l'esprit économe du paysan. Cela lui avait plu et il avait apprécié cette façon un peu désinvolte de mener sa vie. Aussi, avec du temps et de la patience, espérait-il réussir à décider Rose à quitter le village pour aller rejoindre les amis qui l'attendaient. Le travail ne lui manquerait pas car la région était connue pour ses nombreux élevages de chevaux.

# 12

La journée s'annonçait, une fois encore magnifique, aussi Henri ne cessait jamais de s'en réjouir. Le soleil déjà haut voyait se terminer la matinée de travail. Pas fâché d'aller faire une longue pause, il se sentait fatigué et avait besoin de repos. Les journées se succédaient, rarement semblables. Quand il manquait de dynamisme, il ne pensait jamais à son âge, mais se trouvait de bonnes raisons, soit un manque de sommeil, soit le rythme forcé de la veille. Bien reposé, il retrouvait tout son élan dès le lendemain. Jusque-là, il avait eu la chance de ne jamais tomber malade.

La lettre de Julie l'attendait, certainement pas pour l'informer d'un événement anodin. Brusquement un mauvais pressentiment l'envahit, ce serait, de toute évidence, l'annonce d'une catastrophe. Sans aucun courrier depuis plus d'une décennie, il fallait un fait important pour que Julie se manifeste à nouveau. Il n'osait ouvrir cette enveloppe, la tournant et la retournant dans ses mains, devenu soudain très anxieux. Puis tout à coup son cœur s'emballa, ses mains se mirent à trembler sans qu'il puisse les contrôler. Il se dirigea vers la fenêtre pour l'ouvrir et aspirer une grande bouffée d'air. Quelques gouttes de sueur perlaient sur son front. Il resta là debout un grand moment agrippé à la poignée de peur de tomber. Enfin, le malaise passé, il se ressaisit et s'en voulut d'être aussi peu courageux.

La lecture des quelques lignes écrites d'une main mal assurée et tremblante l'obligea à s'asseoir immédiatement. Toujours déterminée et fière, Julie relatait les faits sans toutefois lancer un appel au secours ou formuler la moindre plainte.

C'était vraiment très cher payé de perdre leurs deux enfants, fauchés en pleine jeunesse. Accablé à son tour, comme jamais il ne l'avait été, totalement effondré Henri laissa couler ses larmes, incapable de les retenir. Il resta longuement prostré, presque hébété, effaçant de ses pleurs les mots meurtriers. Il lui fallut beaucoup de temps avant de se sentir capable de réagir et de se lever.

Sa première pensée fut pour Julie, après ces minutes de stupeur et de quasi-étourdissement. Il devait très vite lui répondre. Ne trouvant pas les bons mots, il avait recommencé sa lettre de nombreuses fois.

L'idée sérieuse de rentrer au pays pour reprendre le travail, épaulé par ses deux garçons en âge de le seconder, avait germé durant ces derniers mois. Il avait maintenant de quoi payer son billet de retour et la vente de ses biens lui permettrait de tout recommencer sans l'aide de personne.

Ce nouvel espoir venait de s'écrouler et de disparaître à l'instant où il avait parcouru ces quelques mots de deuil tracés à l'encre noire sur une page blanche.

L'être humain est bien souvent égoïste de nature. Parfois ce travers l'aide à surmonter les coups durs. Mais le chagrin d'Henri était réel, sincère, déchirant. Il aurait voulu pouvoir hurler pour laisser échapper ce qui soudain l'étreignait, tel un étau enserrant sa poitrine.

Dans les heures qui vont suivre, ses pensées seront pour Julie.

Fortement désirée, il avait patienté et attendu le moment propice où elle avait ressenti la même envie, le désir d'être à lui et de se donner sans retenue. Le bonheur bien présent pour tous les deux, ils s'étaient promis de s'aimer toute leur vie et d'être toujours là l'un pour l'autre.

Le malheur avait frappé deux fois et elle se trouvait seule, sans soutien, abandonnée. Jamais il ne pourrait se le pardonner. Les risques dès le début de cette guerre, il les connaissait, mais il n'avait pas bougé, bien installé dans son confort et trop occupé à réaliser le but qu'il s'était fixé.

Julie boudait et l'ignorait depuis plusieurs années, mais ils étaient encore bien vigoureux et leur vie pourrait reprendre sans heurt, même si la fougue de leur jeunesse avait disparu. La vie leur avait été dure avec cet accident de parcours qui les avait séparés. Pourtant, avec un peu de bonne volonté, Henri croyait à la possibilité d'un nouveau départ. Sans doute, n'a-t-il jamais réalisé vraiment ce sentiment d'abandon vécu par Julie, incapable d'oublier.

Cet homme choisi après mûre réflexion, devenu son compagnon et le père de ses enfants, Julie l'avait aimé profondément. Elle croyait bien le connaître et fortement déçue elle avait laissé s'installer une grande amertume.

Partir immédiatement lui paraissait à la fois compliqué et sans doute impossible, en raison de cette guerre qui n'en finissait pas. Henri voulait, cette fois encore, tenir ses engagements malgré la proposition d'Arthur de le remplacer. Pour lui l'inéluctable était arrivé et sa présence en France n'apporterait pas de changement ni de guérison. Il ne se sentait pas capable de tout liquider dans l'urgence pour aller retrouver sa femme. En fait, il avait peur de l'accueil qui lui serait réservé. Alors il va laisser s'écouler de nombreux mois, jusqu'à l'armistice, pendant lesquels il demeurera dans une indécision totale. Le trafic maritime régulier revenu ne faisait plus obstacle à un départ, mais ne l'avait pas aidé à faire son choix.

Ces quatre longues années de guerre n'avaient-elles pas été suffisamment meurtrières ? La perte en hommes était immense. Avaient-elles besoin d'être suivies par une grippe appelée espagnole ? Celle-ci sévira dans le monde entier. Des milliers de personnes succomberont en quelques jours à la maladie, Surpris par l'arrivée de ce virus inconnu, le corps médical ne réussira pas à trouver le traitement capable de le maîtriser. L'être humain se sent parfois tout petit devant des évènements qui le dépassent.

Henri n'avait plus aucun projet d'avenir, sauf celui de continuer son travail comme d'habitude. Il s'y acharnait sans aucune retenue pour éviter de penser et essayer d'oublier. Si l'hiver était bien présent en France c'était la saison d'été sur l'île. Les journées étaient longues et chaudes aussi ne dormait-il que quelques heures. Levé dès l'aube, il s'octroyait un peu de repos en début d'après-midi et travaillait de plus en plus tard en soirée.

Quelques artisans l'encourageaient à construire une maison, source de revenus par sa location ou sa vente. Son terrain était grand et il y avait de la place même pour deux bâtiments. Ils étaient prêts à l'aider pour l'achat des matériaux, si ses économies ne suffisaient pas. Ce serait un bon placement et surtout une bonne façon de reprendre goût à la vie. Henri avait fini par accepter cette idée. Côté finances, il utiliserait le pécule prévu pour son retour, inutile de le garder indéfiniment.

Aidé de ses compagnons Henri allait construire sur son terrain une première maison. Le gros œuvre à peine terminé il avait déjà un acheteur. Et suite à d'autres demandes d'achat, il s'était décidé à en édifier une seconde. En février 1921 les deux maisons allaient être vendues à Charles Marga et à Charles Gaveau.

Henri, satisfait d'avoir réalisé un bon bénéfice hésitait à acheter un autre terrain. Il disposait d'une somme assez conséquente, mais il ressentait aussi la fatigue due à ce rythme endiablé qu'il s'était imposé depuis la fin de la guerre. Il avait donc décidé de ralentir un peu, se limitant à des travaux de réfection. Ce travail en soi était utile, mais moins valorisant. La pause de ces quelques mois n'allait pas durer très longtemps.

L'occasion allait se présenter rapidement lorsque le jeune Sylvain Allement allait lui demander de lui construire, avec son équipe, une maison sur une parcelle de terrain qui se trouvait dans la vallée de Port Laguerre. Difficile pour Henri de refuser au futur mari de la fille de son ami Arthur. Sylvain savait que le prix en serait le plus juste et ne voulait pas profiter de son projet de mariage pour obtenir une remise supplémentaire auprès d'Arthur. Il avait l'impression de lui forcer la main tout en n'étant pas encore très sûr de ses sentiments. Arthur avait bien compris la position un peu délicate de son éventuel futur gendre. Il avait d'ailleurs beaucoup apprécié cette attitude de Sylvain et la trouvait digne d'estime et toute à son honneur.

Pendant près de deux ans Henri allait être occupé sur ce nouveau chantier. La peine et le chagrin deviendraient moins violents et peu à peu plus supportables. Le travail journalier était assez prenant et Henri s'obligeait à faire des efforts pour rester agréable avec ses compagnons. Ces derniers, tout en comprenant ses états d'âme, gardaient leur attitude habituelle sans rien laisser paraître. Il fallait à tout prix essayer de retrouver la bonne ambiance qui avait toujours existé au sein de leur entreprise.

Bien souvent, il suffisait de quelques signes aux deux amis pour se comprendre et une parfaite entente rendait le travail facile et particulièrement productif. Sans exigences particulières, sans éclats de voix, Henri avait su créer une équipe soudée où les hommes prenaient plaisir à travailler ensemble.

Les demandes avaient afflué, Arthur et Henri se trouvaient toujours engagés pour un nouveau chantier avant d'avoir fini celui en cours. Là encore et peut-être inconsciemment, cet état de fait avait retenu Henri beaucoup plus longtemps que ce qu'il avait envisagé à son arrivée en Nouvelle-Calédonie.

Les années passaient, les unes après les autres. Petit de taille, mais jouissant d'un corps très musclé, acquis par un travail physique constant et sans excès, Henri semblait infatigable. Il avait comme atout, une fois allongé, d'être un gros dormeur totalement détendu. Ce sommeil réparateur après une journée de labeur lui était très bénéfique. Au petit matin il repartait comme un homme neuf, frais et dispos, pour affronter le travail qui l'attendait. Ses muscles, après un petit temps d'échauffement, fonctionnaient comme par habitude sans demander d'efforts particuliers, tels les rouages bien huilés d'une parfaite mécanique.

Parmi certains de ses compagnons, de vingt ans plus jeunes, c'était un peu l'incompréhension. Comment se faisait-il qu'un petit bonhomme comme lui soit plus résistant qu'un grand costaud qui suait sang et eau sous la chaleur ? Henri disait toujours :

- Il faut bien connaître son corps et le faire travailler à son rythme. Il n'y a pas de mystère. Ce n'est pas bon de forcer, cela occasionne de la fatigue à vide sans obtenir un bon résultat.

Henri ne supportait pas la compétition et savait très vite jauger ses ouvriers. Aussi chacun avait-il sa place selon ses capacités et tous étaient appréciés à leur juste valeur. Grâce à cela il avait réussi à former un groupe efficace et harmonieux qui lui donnait entière satisfaction. Il savait aussi les encourager quand il fallait donner un grand coup de collier, toujours suivi d'une récompense sous forme d'un excellent repas ou d'une journée de repos bien méritée et rémunérée.

Plus d'un quart de siècle s'était écoulé depuis son arrivée de France et son ami Arthur venait de disparaître. Ce fut brutal et sans souffrance, le fatal arrêt cardiaque, mais tellement surprenant et frustrant pour ses proches et son entourage. Henri ne s'y attendait pas et leur projet de fêter ensemble leurs soixante-dix ans, deux semaines plus tard, avait été annulé de suite. Ceci n'était rien, bien sûr, comparé à la perte d'un associé et surtout d'un ami.

Vahinerii lui demanda cependant de continuer à diriger l'entreprise.

- Henri, faites-le en souvenir de mon mari, je vous en prie, lui dit-elle, juste le temps nécessaire pour former mon gamin qui veut lui succéder. Il a encore besoin d'être soutenu par une personne de confiance.

Henri, qui appréciait beaucoup cette femme à la fois sympathique et courageuse, se trouva dans l'impossibilité de refuser. De toute façon il lui fallait terminer les chantiers en cours. Ensuite, il aviserait le moment venu.

Cette mort subite l'avait énormément choqué sur le moment. Il prit cet accident comme un avertissement. Il se sentait en forme même si parfois, des petits signes persistants de fatigue se faisaient sentir. Il décida alors de ralentir un peu son activité et de déléguer davantage.

Pas évident à faire quand depuis toujours on se doit d'être présent et de participer à part entière. Difficile de changer ses habitudes de travail tellement ancrées qu'elles vous collent à la peau.

Savoir réduire, pour tout homme très actif, demande un réel effort. Le bon sens et le raisonnable vont souvent de pair et ce fut le cas pour Henri. Il commença par donner le samedi en journée de congé à tout le monde car il ne pouvait concevoir d'être le seul à se reposer ce jour-là.

Henri appréciait le dimanche où femmes et enfants se promenaient place des Cocotiers habillés de couleurs chatoyantes. Les bourgeoises citadines, protégées du soleil à l'abri sous leurs ombrelles, se montraient dans leurs plus beaux atours. Les robes blanches ou de tons pastel en tissu léger laissaient apercevoir leurs bras nus et leur superbe décolleté. Fières d'attirer l'attention, ces dames rivalisaient d'ingéniosité pour afficher un petit plus afin de se différencier des autres.

La femme kanake était peu présente et tranchait par sa tenue. Elle portait une robe en tissu de coton fleuri, dont la coupe était semblable à celle des jeunes filles, élèves et pensionnaires dans les missions : un empiècement carré, marqué par une dentelle blanche qui se retrouvait également au bout des manches trois-quarts. La jupe, un peu ample s'arrêtait à mi-mollet, garnie elle aussi de dentelle au-dessus de l'ourlet. Le ras du cou était souvent de mise, malgré la chaleur.

Les robes de couleur unie étaient assez rares, le plus souvent faites en tissu fleuri à rayures, larges et verticales, où s'intercalaient des bandes d'étoffe unie dont la couleur était assortie à celle du tissu fleuri. Les fleurs presque toujours blanches ressemblaient à celles de l'hibiscus et se détachaient sur du bleu ou du turquoise, ou sur des tons plus vifs tels que le rouge, le vert, ou le rose violacé.

Assez grande dans l'ensemble, la femme kanake avait de très grands yeux d'un noir profond semblable à la couleur de ses cheveux longs et crépus. Cette abondante chevelure se remarquait moins chez les hommes et les enfants dont la coupe était souvent très courte.

De petits groupes de personnes envahissaient peu à peu la place, bavardant tout en surveillant les enfants qui jouaient autour d'eux. Les anciens avaient investi les bancs où ils sommeillaient à l'ombre des flamboyants. Ces arbres magnifiques déployaient une ombre immense et protectrice, très appréciée des promeneurs invités à se reposer un moment.

D'énormes travaux de remblai avaient été effectués en bordure de l'Anse Vata supprimant les moustiques des marais. Bordant la mer, une magnifique promenade de plusieurs centaines de mètres était devenue le lieu de rencontre des passants. Henri allait souvent flâner à cet endroit et s'y dégourdir les jambes avec beaucoup de plaisir.

Une visite matinale et dominicale au marché en était un autre. Dès son arrivée, la découverte des produits locaux l'avait beaucoup intéressé et il s'était habitué progressivement à ces nouvelles saveurs.

La Bintje du Nord, excellente pomme de terre, lui avait manqué au début de son séjour. La *patate douce* ou *carry*, une autre variété, ne pouvait cependant la remplacer. Ce tubercule comestible, au goût légèrement sucré et farineux, rappelait un peu celui de la châtaigne. Le *taro* et l'*igname*, en quantité sur les étals du marché faisaient, eux aussi, partie des légumes de base de la cuisine locale.

Selon ses dires dans ses premières lettres, il regrettait la délicieuse pomme reinette, fondante et savoureuse après avoir passé la matinée dans le four du poêle à bois de la maison. Julie avait ses petits secrets pour en faire un véritable régal pour grands et petits. Ses ajouts de miel, confiture, ou encore de cassonade qui caramélisait la peau et la rendait colorée et croquante, transformaient le fruit en délicieux dessert, à la fin du repas en hiver. Il lui était impossible d'en trouver sur l'île où cette qualité de pomme n'était pas cultivée.

Les fruits ne manquaient pas, mais ils étaient bien différents. Il y avait sur l'île la *banane plantain* surnommée *banane poingo*, la *noix de coco* et son lait rafraîchissant et agréable à boire, la *papaye* à la chair sucrée et parfumée, la *mangue* savoureuse et la *goyave* exquise en gelée.

Il avait été surpris par la *pomme liane* de couleur pourpre qui ne ressemblait pas du tout à une pomme. La marchande lui avait précisé :

- Ici nous l'appelons le fruit de la passion.

Henri n'en avait jamais vu car dans son village, le seul fruit exotique vendu à l'épicerie pour les fêtes de Noël était l'orange.

La *pomme cannelle*, d'un aspect vert tendre, était grosse comme une pomme et c'était bien là l'unique comparaison possible. Avec ses écailles elle ressemblait davantage à une pomme de pin. Sa chair blanche, tendre et odorante, était criblée de pépins ronds et aplatis d'environ un centimètre de diamètre. Ce fruit très présent sur l'île, Henri n'en était pas friand, par contre, il appréciait beaucoup les *ananas* petits et velus, juteux et parfumés.

Les poissons et les crustacés offraient une variété incroyable de formes et de couleurs. En France, Henri vivait trop éloigné du bord de mer pour pouvoir manger du poisson frais. Il ne connaissait que la morue salée et séchée qu'il n'aimait pas beaucoup. Ce fut pour lui une véritable découverte et il ne tarda pas à déguster les produits de la mer avec beaucoup de plaisir. Ses préférences allaient à la succulente dorade coryphène appelée *mahi-mahi* et à la très grosse crevette d'eau douce.

Henri, souvent très pris par son travail, n'était pas un adepte des baignades. Il ne savait toujours pas nager et tout son plaisir se réduisait à marcher au bord de l'eau et à contempler la mer. Parfois l'arrivée d'un cargo et son déchargement - source d'agitation sur le quai - l'attirait, du moins au cours des premières années. Même si cela restait toujours un événement pour les habitants de la ville, Henri ne faisait pas partie des familles attendant des visiteurs.

Petit à petit, il avait vu la ville se développer, s'agrandir, augmenter en population. Il aimait aller s'y promener à pied ne possédant ni vélo, ni attelage. La marche lui convenait parfaitement.

Un jour, il avait emprunté un omnibus pour découvrir les différents quartiers extérieurs de la ville. Un escalier lui avait permis d'atteindre l'impériale de cette grosse voiture tirée par deux robustes chevaux. Au rythme d'un pas tranquille, les voyageurs avaient beaucoup de temps pour regarder le paysage.

La ville était construite sur une presqu'île accidentée faite de caps et de baies, de vallées et de monts, entourée de verdure et très ensoleillée. Les noms se succédaient, baie Sainte-Marie, vallée des Colons, Anse Vata et bien d'autres encore. Henri s'était promis de s'accorder plus de temps pour mieux connaître cet environnement. Ce premier aperçu l'avait séduit.

Seul maître à bord, entièrement libre, il avait mené une vie tranquille, sans histoire, sans contrainte et sans obligations. Que rêver de plus !

Entre son arrivée et la vente de sa maison le 4 février 1932 près de quatre décennies s'étaient écoulées. Henri avait travaillé pour gagner sa vie bien sûr, mais avait aussi progressé dans son métier.

Lorsque bien avancé en âge, Henri ne s'engagera plus à réaliser des constructions, l'envie de retrouver ses racines se fera de plus en plus prégnante. En même temps s'installera une sorte d'angoisse, une réelle incertitude. De nombreuses questions allaient se poser sans la moindre réponse. Au cours des quarante ans d'absence, tous avaient vieilli, comme lui. Il était certain de bien reconnaître Julie, du moins l'espérait-il. Ce serait sans doute très difficile de retrouver dans les visages d'adultes les traits des enfants qu'il avait quittés. Grâce aux photos conservées précieusement, il en avait gardé un souvenir précis, mais sa vue baissant, l'image avait perdu sa netteté et il la voyait floue. Il se savait grand-père, mais ignorait être également arrière-grand-père. Il n'avait pas vu devenir des hommes et des femmes ses propres enfants, encore moins ses petits-enfants qui, à leur tour, étaient parents. Au village les amis et connaissances n'étaient peut-être plus de ce monde. Comment allait-il être accueilli et qu'allait-il retrouver ?

Jamais, sa vie durant, il ne s'était heurté à un tel dilemme : que devait-il choisir, partir ou rester ? Il était conscient de ce qu'il lui fallait quitter et de ce qu'il allait perdre. Il s'inquiétait de cet inconnu qu'il trouverait au bout du voyage. Il ressentait le poids des ans et se doutait du peu qui lui restait à vivre. Il avait déjà bien dépassé la moyenne d'âge des personnes de sa génération et se sentait en sursis, même s'il ne souffrait d'aucun mal, mis à part des douleurs comme tout le monde.

N'ayant pas réussi à échapper à la vieillesse, devenue bien présente, se sentait-il soudain fatigué, fragile, dépourvu de ce dynamisme qui l'avait si longtemps soutenu ? La cessation d'activité allait-elle convoquer une solitude, inconnue jusque-là, qui serait pénible et peu facile à gérer ? Craignait-il, tout simplement, de se retrouver seul en fin de vie, sans aide, dans sa maison ou sur un lit d'hôpital ? Cette peur, guère contrôlable, s'était incrustée peu à peu, le laissant sans solution pour réussir à l'éliminer.

En restant sur l'île, pouvait-il espérer, était-il assuré de garder jusqu'à sa mort un peu d'amitié, de sympathie, si toutefois les circonstances le permettaient ? Arthur, son seul et véritable ami l'avait quitté depuis une décennie. Quant aux autres personnes de connaissance, il avait entretenu avec elles des relations cordiales, assez souvent par intérêt, mais toujours il avait su créer de bons rapports de voisinage et de parfaite entente.

Sur le plan affectif, ne pas avoir recréé de famille l'avait privé de toute satisfaction et du réconfort si appréciable donné par un proche. Cette seconde partie de sa vie l'avait-elle comblé pleinement ? Nul n'en saura jamais rien. Le doute reste acquis. Pourtant, ses éternelles tergiversations pour rejoindre son pays natal portent à croire qu'il avait joui d'un certain bonheur de vivre.

Néanmoins, il pouvait être content d'avoir pu acheter une parcelle de terrain pour s'y établir. Sa petite maison était modeste, mais lui suffisait amplement. Peu exigeant, il se contentait d'un toit pour être indépendant et se sentir chez lui. Libre et dégagé de toute contrainte il était certainement heureux de profiter des instants de repos qu'il s'y accordait.

Depuis peu de temps, un jeune couple avec une fillette s'était installé dans une maison de l'autre côté de la rue, juste en face de chez lui. Cette petite famille, très discrète, lui faisait penser à ses filles. Nouveaux dans le quartier et par courtoisie, ses voisins étaient venus le saluer.

- Bonsoir ! Je suis Antoine Jarrosay et voici ma femme et notre petite fille.

- Bonsoir ! Vous êtes bien aimables de venir me voir. Je pense que vous serez contents de vivre ici, le quartier est tranquille et pas loin de la mer. Nous aurons certainement l'occasion de faire plus ample connaissance.

Environ deux mois après leur installation, Antoine était revenu voir Henri.

- Dans le quartier tout le monde vous appelle père Henri. Alors vous permettez, bonsoir père Henri, moi c'est Antoine.

- Bonsoir Antoine ! C'est moi qui ai demandé aux enfants de m'appeler père Henri, je ne voulais pas les entendre me dire monsieur.

- Je viens vous demander si vous pourriez nous faire une étagère. La maison n'étant pas très grande, cela ferait du rangement pour mon épouse. Un assemblage de quelques planches rustiques ferait l'affaire. Notre intention est de la placer dans le cagibi attenant à la cuisine.

- J'ai beaucoup de travail en ce moment, mais si vous me donnez un coup de main, cela pourrait se faire rapidement.

- Sans aucun problème. Dites-moi ce que je peux faire.

- Un croquis avec les dimensions, hauteur, largeur, et nombre de rayonnages avec espace souhaité entre chacun d'entre eux.

- Cela ne me paraît pas compliqué. Je vous remercie, c'est ma femme qui va être contente.

- Alors, bonsoir et à bientôt !

Après ce premier contact, beaucoup d'autres vont suivre. Les deux hommes s'entendaient bien et se rendaient souvent des petits services. La jeune femme se contentait de faire un petit signe en guise de bonjour, peu attirée par ce vieux monsieur qui vivait seul entouré de nombreux chats. Elle se posait la question s'ils étaient à lui ou s'il attirait tous les chats du quartier en leur donnant un peu à manger. Une chose était certaine, se disait-elle, il n'y a pas de souris dans cette maison.

Un jour, pour remercier Antoine d'un service rendu sans doute un peu plus important, Henri lui avait donné du civet de lapin. La jeune femme refusa d'en manger de peur que ce soit du chat.

La baie de Sainte-Marie se trouvait à environ cent cinquante mètres des maisons et cette situation, proche du rivage où il y avait des marécages, amenait beaucoup de moustiques. Au lieu de faire des canaux les ingénieurs avaient entrepris des travaux énormes de remblai pour faire une route en bordure de mer et construire d'autres maisons. Aller voir l'avancement des travaux était devenu, pour Henri, sa promenade du soir.

Son retour en France enfin arrêté, il avait trouvé facilement un acquéreur pour sa maison, son atelier et le peu de terrain qu'il s'était réservé. Il s'enquit également auprès du bureau des Messageries maritimes pour son billet. Là il fut déçu d'apprendre qu'il lui faudrait patienter environ deux mois pour embarquer. Un départ venait d'avoir lieu la semaine précédente. Il aurait aimé partir de suite, une fois ses affaires réglées. Avait-il peur de regretter sa décision ?

Ces dernières semaines d'attente lui parurent longues et pénibles. Il tentait parfois d'imaginer son arrivée, et selon son humeur il se voyait accueilli avec froideur ou chaleur. Il attendait, pour en avertir Julie, de connaître une date exacte. Qui serait là pour lui souhaiter la bienvenue ? Julie ou ses filles auraient-elles prévu d'organiser une petite fête ? Il n'y pensait pas vraiment car cela lui paraissait impossible. Était-il donc devenu pour tous un étranger, un véritable inconnu ? Sans cesse la nuit il était harcelé de questions et n'y trouvait aucune réponse. Il avait hâte de voir cette situation pénible se terminer au plus vite.

Quelques semaines plus tôt, Nouméa avait fêté la création de la première voie aérienne. Cet événement survenait cinquante ans après la mise en place en 1882 de la voie maritime. Henri avait un peu hésité, mais avait été retenu - soit par la peur d'un crash, soit par le prix qui lui parut exorbitant. Le trajet beaucoup plus court, le plaisir de monter en avion et de faire partie des tout premiers passagers, ces avantages n'avaient pas pesé lourd dans la balance en comparaison du poids de l'appréhension bien réelle vis-à-vis de l'inconnu. Henri n'avait pas l'envie de goûter à ce genre d'expérience. Atterrir près de Paris, la capitale qu'il ne connaissait pas, lui semblait plus compliqué. Il avait découvert un peu Marseille en attendant son départ de France et se sentait davantage rassuré.

# 13

À Saint-Hérilay, Eugène s'était bien gardé de prévenir Blanche de la durée du bail renouvelable tous les trois ans. Les années passaient et Blanche se languissait de plus en plus, voulant à tout prix retrouver sa maison. La guerre était terminée depuis plus d'un an et les affaires reprenaient tout doucement. Elle allait donc très souvent voir ses locataires, la famille Beaugrand, pour leur demander de bien vouloir partir. Chaque fois elle ne pouvait s'empêcher de pleurer.

Entre-temps, Marie qui n'appréciait pas du tout, s'était retrouvée toute la semaine pensionnaire au collège. Trop éloignée de celui-ci ses parents n'avaient pas d'autre solution. Le retour à la maison n'était pas toujours heureux avec une mère larmoyante, totalement dépressive et un père sévère qui ne voulait rien savoir ni entendre. Elle était heureuse de retrouver son chat de gouttière tigré. Elle avait eu pitié de ce chaton perdu, tout maigrichon qu'elle avait nourri et recueilli. Elle s'isolait souvent dans sa chambre, en prétextant ses nombreux devoirs.

Marie logeait dans une mansarde avec une lucarne pour tout éclairage. Elle était seule sans une amie, leur maison étant isolée de plusieurs kilomètres du village et de la ville. Eugène lui avait interdit de sortir et son seul divertissement restait le trajet dans la voiture à cheval où il lui confiait les rênes. Celui-ci avait lieu chaque fin de semaine permettant à la famille d'être réunie.

Marie en grandissant comprenait l'impatience de sa mère de retrouver sa maison et ne trouvait aucun moyen de la distraire. Elle réalisait à quel point celle-ci était déprimée et malheureuse, aussi craignait-elle pour sa santé. Alors un jour d'été, elle avait décidé de l'accompagner pour, une fois de plus, rendre visite aux locataires.

Ces derniers - de braves gens - avaient compris le désarroi de Marie. Ils la complimentaient d'être une bonne fille qui voulait aider sa maman et lui avaient promis de chercher une autre maison. Elle s'était excusée de leur demander de rester discrets sur le sujet de leur visite, car son père serait furieux s'il l'apprenait. Elle espérait qu'ils trouveraient une bonne raison à lui donner à l'annonce de leur départ. Marie, les larmes aux yeux, les avait remerciés avec beaucoup de sincérité.

Sur le chemin du retour, Marie était pleine d'espoir, car non seulement l'inconfort lui pesait, mais l'isolement lui était devenu insupportable.

Blanche privée de ses enfants, Pierre étant à l'école pendant la journée, accomplissait son travail de ménagère tout en se terrant chez elle sans chercher à se changer les idées. C'était une réelle fixation qui finissait par inquiéter son entourage. Marie attendait, de son côté, doutant parfois si elle pouvait faire confiance et croire en la parole des locataires. Réussiraient-ils à trouver un autre logement avant la fin des vacances d'été ou serait-elle obligée de retourner en pension ? Elle attendait, chaque jour, l'annonce par son père, du départ de la famille Beaugrand.

Enfin, à la mi-août Eugène leur avait appris la bonne nouvelle.

- Les Beaugrand vont libérer la maison, ils ont l'intention de partir.

Blanche et Marie s'étaient écriées en même temps :

- C'est vrai, ils vont s'en aller bientôt ?

- À la fin de ce mois.

Blanche avait alors demandé :

- Et pourquoi quittent-ils la maison ? ils s'y plaisaient beaucoup.

- C'est simple. Leurs enfants ne vivent plus avec eux et ils commencent à se faire vieux. Ils veulent se rapprocher des magasins du centre-ville.

- En effet, il n'y a aucun commerce proche et il faut marcher un gros quart d'heure pour trouver une boulangerie ou une épicerie. De plus, il faut éviter de trop charger le panier, sinon le trajet devient pénible et fatigant.

Marie abondait à son tour :

- Je pense qu'ils demandaient à leurs enfants de leur faire les achats de victuailles. Cela est devenu difficile pour eux maintenant. Ils n'ont personne pour les aider sans doute.

- Tu as raison, ma fille, tu vois il ne faudrait jamais vieillir. Vous devez vous préparer et ne pas perdre de temps. La maison libérée nous emménagerons immédiatement. Comme cela Marie, dès la rentrée scolaire, tu ne seras plus pensionnaire. Ce départ arrive juste au bon moment et je suis bien content ! Leur bail n'étant pas fini, nous aurions dû mettre Pierre en pension également.

- C'est une très bonne nouvelle, les enfants pourront voir leurs amis et même les recevoir à la maison.

La famille au complet était heureuse ce soir-là, tous allaient vivre de beaux jours en retrouvant ce qu'ils avaient tant attendu. Eugène perdait le montant d'un loyer, mais gagnait en annulant les frais de deux pensions. Les choses s'équilibraient, la vie allait être plus joyeuse et Blanche devrait recouvrer une meilleure santé.

Julie à nouveau se faisait moins de souci pour Blanche, mais très observatrice, elle s'inquiétait maintenant pour Rose. Elle avait remarqué, dans le comportement de Jules, des petits signes qui ne trompent pas. Connaissant sa fille, elle savait d'avance que le conflit qui couvait éclaterait avec violence.

Dans la région parisienne où il avait exercé son métier pendant la guerre Jules, bien jeune encore et privé de son épouse, avait fait la connaissance de la belle Thérèse, une jolie fille de dix-huit printemps. La guerre terminée il allait la quitter, lâchement, sans un adieu en prenant soin de ne pas lui laisser d'adresse.

Ses habitudes tenaces allaient reprendre très rapidement. Après quelques mois paisibles où Rose semblait le satisfaire et le combler, Jules ne tarda pas à s'absenter de plus en plus souvent pour quelques escapades sans toutefois donner d'explication. Le couple avait déjà connu quelques scènes difficiles liées à l'abus d'alcool, mais Rose pensait qu'il s'agissait maintenant de femme. Rasé de près, bien coiffé et parfumé, habillé de propre, Jules s'en allait sans manquer de prendre de l'argent dans le tiroir-caisse.

Rose pensait à sa fille et supportait sans rien dire. Un jour pourtant, pendant son absence, elle découvrit, cachée dans la forge, une lettre qui confirmait ses doutes. La jeune Thérèse, follement amoureuse, ne doutait pas un seul instant de leur amour. Il est vrai que Jules ne lui avait jamais dit qu'au village l'attendaient une épouse et un enfant.

Dès le retour de Jules, l'explication fut orageuse et Rose lui posa un ultimatum :

- Ce sera elle ou moi, je n'accepte pas le partage.

Jules, un peu surpris, réagit de même, en homme possessif et dominateur.

- Ce n'est pas toi qui commandes, je suis chez moi et je n'ai pas d'ordre à recevoir, ni de toi ni de personne. Tu fais bien des histoires pour pas grand-chose. Je peux bien voir Thérèse de temps en temps, je ne vois pas le mal qu'il y a à cela.

- Je te le redis, ce sera elle ou moi. Si tu la choisis je ne resterai pas une minute de plus !

- Tu plaisantes, tu te souviens quand même que tu es ma femme et que tu m'appartiens. Allons, tu devrais te calmer un peu.

- Alors, tu as fait ton choix ? j'attends ta réponse.

- Que ça te plaise ou non, je continuerai à voir Thérèse.

- J'ai compris.

Rose l'avait quitté immédiatement en emmenant sa fille et dès le lendemain demandait le divorce. Elle sera mal jugée car elle faisait partie des favorisées qui avaient la chance de garder leur mari - et qui plus est, en bon état !

Une décision aussi brutale avait peut-être pour explication le fait d'avoir vécu seule pendant plusieurs années et de retrouver un mari qui, très vite, l'avait déçue. La découverte également de la présence de Thérèse, venue s'installer dans la ville voisine, l'avait sans doute incitée à ne pas croire un mot de ce que Jules lui avait affirmé.

Rose avait réalisé à quel point Jules était affreux et sans scrupule. Il avait profité de Thérèse, très jeune et innocente, bercée par des mots tendres porteurs d'un soi-disant immense amour. D'un jour à l'autre il avait disparu et pensait bien rester introuvable. La pauvre fille, très amoureuse, avait contacté les amis de Jules qui avaient son adresse. Ne connaissant pas davantage l'existence d'une épouse et d'un enfant, ils l'avaient renseignée, très heureux de calmer ses pleurs.

Dès que le divorce fut prononcé, la jeune Thérèse était venue s'installer chez Jules. Rose ne pouvait lui en vouloir et avait tendance à la plaindre, la considérant comme une victime tombée dans les mailles tissées par un enjôleur et un beau parleur.

Julie comprenait le choix de sa fille. Pour elle, les hommes étaient tous les mêmes, des infidèles, des égoïstes, des invivables, des dominateurs. Elle donnait raison à Rose qui ne se laissait pas faire. Elle était également mal placée pour lui faire des reproches sur son empressement à prendre sa décision. Sa fille avait reçu en héritage ce côté impulsif, cet emportement immédiat, ce trait de caractère entier dont elle était elle-même victime. Ce terme n'est pas tout à fait exact, car l'une comme l'autre était persuadée de bien se comporter et d'avoir raison. Trop entêtées, elles ne reviendraient jamais sur leurs décisions hâtives et trop souvent irréfléchies.

Lorsque Rose s'était séparée de son mari, elle ne pouvait aller vivre avec Julie et Marthe, car leur maison était trop petite. Elle s'installa provisoirement dans la maison construite par son père qui n'était pas encore vendue. Elle chercha un logement plus modeste, mais assez grand pour y accueillir sa mère et sa sœur.

Après quelques mois d'attente la chance lui avait souri et elle trouva à louer une maison mitoyenne de celle de son ex-époux. Situation peu banale, mais, quand elle sera grande, Jenny interrogera sa mère et n'obtiendra jamais de réponse justifiant ce choix. Peut-être n'y avait-il pas d'autre habitation disponible au village ou pensait-elle faciliter les visites de sa fille, accordées par jugement à son père. Toutes les suppositions possibles seront envisagées et se heurteront à un mutisme total de Rose qui, sur ce sujet, restera toujours fermée comme une huitre.

Fort heureusement pour Julie le bail, arrivé à terme, nécessitait un renouvellement. Ainsi elle put avec Marthe aller s'installer chez Rose, afin de l'aider à élever sa fille, et sa participation au paiement du loyer fut la bienvenue. La maison composée d'une cuisine salle à manger assez grande et de trois chambres, offrait un habitacle suffisant pour permettre aux trois femmes d'y vivre agréablement. La petite Jenny était toute heureuse car elle était choyée par sa mémé Julie et sa tante Marthe. Seule sa mère Rose, au fort caractère, ne se laissait pas attendrir et refusait de céder à tous ses caprices.

Dès le début de la cohabitation qui sera parfois houleuse, le rôle de chacune était bien défini et dans l'ensemble la vie se passera sans trop de heurts. Julie reprenait tout doucement un peu goût à la vie, grâce à ses filles qui lui laissaient gérer les décisions importantes. Elle se sentait à nouveau utile, consciente pourtant de n'être plus indispensable. Elle jouissait de la gaîté et de l'affection de sa petite-fille, dernier rayon de soleil de ces années d'automne qui s'annonçaient pour elle.

Julie avait moins de souci d'argent, ses deux filles travaillaient et elle gérait au mieux les ressources mises en commun. Elle tenait à sauvegarder pour chacune une part de leur revenu, aussi tout était-il calculé au plus juste. Cela ne lui posait pas de problèmes, car depuis toujours, elle avait fonctionné de cette façon.

Peu à peu, la clientèle de Marthe allait se réduire avec la disparition des personnes âgées porteuses de bonnets tuyautés. Ce n'était pas plus mal, car elle était consciente de la fragilité de sa mère, fatiguée par le moindre petit effort. Elle assurait donc la tenue de la maison, le ménage, les lessives et la préparation des repas, confiant à Julie la surveillance de la cuisson. Malgré une longue nuit de repos, Julie s'endormait facilement, plusieurs fois par jour, pour de courtes durées de dix à quinze minutes environ.

Aussi Marthe surveillait-elle le feu de son côté, le plus discrètement possible pour ne pas vexer sa chère maman. Celle-ci parlait de moins en moins, car souvent elle cherchait les mots qui ne venaient pas et cela l'agaçait beaucoup. Pour elle, c'était bien sûr un signe de vieillissement qui sournoisement progressait. Elle le savait et l'acceptait difficilement.

Et puis un jour, une belle occasion de s'échapper du village s'offrit à Marthe, celle d'aller tenir une boutique de mercerie sur la grand-place de la sous-préfecture.

Blanche l'encouragea à accepter et Eugène était prêt à lui avancer la somme nécessaire à la reprise du commerce. Elle le rembourserait quand elle le pourrait.

Marthe hésitait et n'arrivait pas à se décider. Elle avait fait sa place dans cette maison, auprès de sa mère et de Rose et s'était beaucoup trop attachée à la petite qu'elle considérait un peu comme sa fille. Elle se sentait en sécurité, épaulée par l'une ou l'autre. Toutes deux lui avaient été d'un grand secours après la perte de son Lucien.

Se retrouver seule à la ville, gérer le commerce de multiples articles avec la nécessité d'en faire le réapprovisionnement, savoir choisir de nouveaux produits afin de satisfaire la clientèle, se sentait-elle capable de réussir même avec l'aide proposée à la reprise du magasin ? Elle ne se l'avouait pas, mais elle avait eu peur.

Finalement elle refusa cette offre, incapable de se séparer de la fillette adorée et de Julie, présente depuis toujours, réel soutien dont elle ne pouvait se passer.

Jenny, en quelques pas, allait chaque jour voir son père à la porte voisine. Thérèse l'accueillait avec beaucoup de gentillesse et tentait d'obtenir son affection à l'aide de mots gentils, de bonbons ou de petits gâteaux. D'emblée elle s'attacha à cette fillette mignonne et souriante, qui l'embrassait de bon cœur et semblait l'aimer un peu. Jenny gardait un comportement distant avec son père trop brusque, peu affectueux, incapable de lui transmettre un peu de tendresse. La petite continuait à le craindre et ne prenait aucun plaisir à le voir. Elle était tout heureuse quand, lors de sa visite, ce dernier était absent. Sa mère était intraitable, à ce sujet. Une heure précise avait été prévue, absent ou pas, elle ne voulait rien entendre. Pour elle la visite avait eu lieu, Jules devait prévoir de se trouver chez lui.

Cependant les relations entre les parents divorcés se durcissaient de plus en plus. Jules, un peu trop porté sur la boisson, était parfois violent et Rose prit peur pour sa fille. Elle refusa la visite de l'enfant à son père malade pendant toute une semaine. Jules se fâcha, se sentant dans son bon droit, il envoya les gendarmes chercher sa fille, le droit de visite ayant été donné par voie de justice lors de la prononciation du divorce.

Contraints de respecter la loi, le brigadier et son collègue furent très mal accueillis par Rose pleine de colère.

- Vous n'avez pas honte d'emmener de force ma gamine ? Jules ne mérite pas de la voir.

- Tu nous connais bien, Rose, mais on ne peut faire autrement. Nous allons rester pour surveiller et nous allons te la ramener bien vite.

- La voilà ta fille. Tu n'as pas honte de nous obliger à te l'amener, comme une prisonnière ?

- C'est mon droit et vous n'y pouvez rien, vous devez appliquer et faire respecter la loi.

- Dis-moi petite, tu veux rester plus longtemps près de ton papa ?

- Non, je veux aller chez maman.

Cinq minutes étaient à peine passées et Rose retrouva sa fille.

- Tu as vu, Rose, nous avons fait notre travail du mieux possible. Tout est en ordre. Ma foi, bonne journée.

- Merci à vous deux. Ma fille n'en aura pas un mauvais souvenir, du moins je l'espère. À cet âge un enfant oublie facilement.

- Sois tranquille, Rose, avec nous elle n'a pas eu peur, bien au contraire elle paraissait toute contente que nous soyons là pour l'accompagner.

Jules avait fait, peu de temps après, l'acquisition d'un gros chien, un berger allemand, qui effrayait la fillette par ses sauts et ses aboiements. Sans doute ce jeune chien cherchait-il à jouer, mais paralysée, Jenny n'osait plus entrer dans le café. C'est un de ses clients, le fermier Pierre Mary, venu pour faire ferrer sa jument, qui avait obligé Jules à sortir du café pour voir sa fille.

Les années allaient se succéder très vite et Jenny devenue trop grande pour son lit d'enfant allait partager celui de sa grand-mère. Celle-ci grognera parfois des coups reçus pendant le sommeil agité de sa petite-fille. Bien souvent un méchant cauchemar en était la cause, et Jenny était aussitôt calmée par la présence rassurante de sa mémé Julie.

Devenue adolescente elle avait souffert de cette situation et s'était plainte du peu de place et du ronflement proche qui parfois l'empêchait de s'endormir. Elle avait fini par avoir gain de cause et avait rejoint la chambre de sa mère. Elle allait dormir enfin sur un petit divan très étroit, mais cela lui importait peu, trop heureuse d'être seule dans son lit.

Jenny était devenue une jolie jeune fille, aux yeux couleur noisette, au visage régulier sans le moindre défaut et à la superbe chevelure châtain. Sa tante Marthe en prenait grand soin et les lavait chaque semaine, au savon de Marseille. Ses cheveux très longs, souvent tressés en deux jolies nattes, lui entouraient le visage et descendaient jusqu'à sa taille. Ses amies lui enviaient car, pour faciliter leur entretien, leurs mères s'armaient de ciseaux pour les couper régulièrement.

Elle aurait aimé avoir une chambre pour elle toute seule car dans la maison, pas le moindre espace, si minime soit-il, lui était réservé. Un vieux poêle à bois, allumé chaque matin, tempérait l'atmosphère jamais très chaude de l'espace de vie. Au centre de la pièce sa chaleur se diffusait vers le coin repas côté rue et vers la cuisine côté jardin. Une petite partie de la table lui était réservée, pour faire ses devoirs d'écolière, près de sa mère qui utilisait une grande place pour ses travaux de couture.

La toilette se faisait à l'aide d'une cuvette dans l'évier, où se trouvait le seul point d'eau de la maison. Pas de souci pour une enfant de six ans naturelle et sans complexe, mais à quatorze ans, où le besoin d'intimité et d'indépendance se faisait sentir, cette situation devenait inconfortable voire embarrassante. Suite au développement de son corps elle était devenue pudique et sa mère ne comprenait pas cette gêne.

- Tu peux bien faire ta toilette tranquillement, tu sais bien que personne ne te regarde et puis nous sommes entre femmes. T'en fais bien des manières maintenant.

La jeune fille ne savait que dire en réponse, ne comprenant pas elle-même pourquoi, sans avoir honte de son corps, de ses seins naissants, elle ne supportait plus de se montrer nue.

Devant l'incompréhension de sa mère, elle avait trouvé une solution à son problème en feuilletant le catalogue du *Chasseur Français* édité par la Manufacture d'armes et de cycles de Saint-Etienne. À la campagne, ce manuel était dans tous les foyers de la région et proposait à peu près tout ce dont vous pouviez avoir besoin. Il s'y trouvait de très nombreux articles pour la maison, mais également des vélos de toute taille, du matériel et des vêtements pour les pêcheurs et les chasseurs. L'article désiré existait bien, mais Jenny pensait que c'était beaucoup trop cher. Aussi, sans rien dire aux femmes de la maison, elle avait demandé à Louis, le voisin menuisier, de lui fabriquer trois cadres de bois pour faire un paravent. Reliés entre eux par quelques charnières une fois repliés sur eux-mêmes leur encombrement serait faible. Pour les dimensions, Louis les verrait sur le *Chasseur Français*.

Le jour où Louis était venu livrer son ouvrage, l'étonnement était grand et l'effet de surprise très réussi. Sur le moment, Rose ne comprenait pas très bien. Elle n'avait rien commandé et ne voyait pas à quoi pouvaient servir ces cadres de bois.

Louis, tout occupé à les déplier et avant d'en expliquer l'usage, s'était adressé à Rose :

- Ça n'est pas peu dire, mais elle a de l'idée votre fille, elle n'a pas fini de vous étonner. Ne vous tracassez point Rose, c'est cadeau. J'ai utilisé des chutes de bois ordinaire, mais une fois vernis le résultat n'est pas trop mal. Je suis bien content de faire plaisir à la petite.

- Tu verras, maman, quand j'aurai mis du tissu, nous aurons un joli paravent.

L'achat d'une cretonne bon marché sera effectué et Jenny tendra le tissu en le fixant sur les cadres à l'aide de petits clous tapissier. Elle ne comptera pas les coups de marteau malheureux sur ses doigts endoloris. Mais peu importe, seul le résultat était important à ses yeux. Très fière de son travail bien réussi, celui-ci sera ensuite apprécié de toute la maisonnée. Rose, après avoir ronchonné, l'utilisera parfois lors de ses séances d'essayage, ce qui lui évitera d'emmener sa cliente dans la chambre.

Les revenus modestes des travaux de couture très mal payés étaient complétés par l'apport des légumes du jardin. Marthe était satisfaite de participer, de cette façon, aux besoins de la maisonnée.

Le poulailler fournissait les œufs presque toute l'année et de temps en temps une pièce de viande. Le clapier où les lapines étaient généreuses en descendance donnait l'occasion de cuisiner un excellent plat nourrissant et goûteux. En bonne cuisinière, Marthe deviendrait la spécialiste d'un fameux civet aux pruneaux accompagné de pommes de terre frites toutes dorées. Ses délicieuses tartes aux fruits et sa brioche à la crème fraîche seraient également un véritable régal pour tous.

Les habitudes prises lors des années de guerre et de privation allaient perdurer. La maison ne connaissait ni le gaspillage ni les excès. Les papiers, journaux et autres étaient gardés pour, après trempage, être essorés et transformés en boulettes bien serrées et séchées au soleil. Celles-ci se consumeraient lentement dans le foyer du poêle en hiver. Les dépenses étaient réservées au strict nécessaire et jamais au superflu. Toute décision d'achat jugé important était réfléchie, discutée et jamais prise à la légère. C'était loin d'être facile entre ces femmes aux avis souvent différents selon leurs besoins.

Lorsque le pommier fournissait en abondance de jolies pommes, pas une n'était perdue, les tombées ou véreuses étaient transformées en délicieuses compotes, les parfaites cueillies délicatement à la main étaient posées sur des éclisses pour se conserver à la cave ventilée par le soupirail. Mangées fraîches elles servaient de dessert, mais sans excès. Afin de les garder plus longtemps, certaines étaient épluchées à la veillée, coupées en tranches un peu épaisses et enfilées sur un gros fil de coton. Suspendues sous le plafond du grenier, elles séchaient et devenaient des *figottes* qui se conservaient tout au long de l'hiver. Réhydratées elles étaient utilisées dans différentes recettes et mangées avec plaisir.

Un mélange de réel et de superstition plus ou moins douteuse alimentera quelquefois les conversations. Les rêves auront souvent une signification, telle la porte d'entrée d'une maison entourée de rosiers grimpants, porteuse de bon ou mauvais signe selon la couleur des fleurs. Le chat noir traversant devant vous portera chance ou malchance selon qu'il viendra sur votre gauche ou sur votre droite, pour ne citer que deux exemples.

Les sujets tabous seront abordés avec prudence, et le ton de la voix baissera pour ne plus devenir qu'un murmure.

La seule chose évidente et réelle qui ne souffrira aucun doute sera, lorsque Louis le menuisier installé dans la maison voisine mettra sa scie en route, un peu tard dans la soirée, pour fabriquer à la hâte un cercueil. La conversation s'animera et les noms des malades connus seront évoqués. Mais il sera trop tard pour aller se renseigner auprès de Madeleine, la préposée aux veillées funèbres.

Cependant, toutes les hypothèses annoncées par ces dames s'avéreront parfois fausses car, une autre personne sera décédée, suite à un accident en fin de journée et, tous les malades connus du village seront encore bien vivants.

Les silences seront multiples et les personnages muets comme des tombes en ce qui concerne leurs propres secrets de famille. Par contre les petites histoires colportées dans le village se raconteront, une certaine façon de participer au bonheur des uns ou au malheur des autres.

Rose a eu bien de la chance d'avoir l'aide précieuse et constante de sa sœur Marthe. Entre les deux sœurs les heurts étaient fréquents, l'une volontaire, exigeante et parfois intransigeante et l'autre douce, effacée et assez soumise - mais pas au point de toujours tout accepter. Un solide ciment indestructible s'était peu à peu soudé entre Julie et ses deux filles. Elles allaient vivre sans jamais s'éloigner du clocher du village, confinées dans un espace qui ne dépassera pas les limites de la ville voisine. Leur manque d'ouverture d'esprit et de connaissance les entraînera à commettre de nombreuses erreurs. Les torts, bien souvent partagés, ne seront jamais avoués, chacune d'elles pensant être dans son bon droit et dans sa vérité.

La maison de Saint-Hérilay avait abrité l'histoire de ces trois femmes, Julie, Rose et Marthe aux vécus différents et trop souvent douloureux. Julie n'avait jamais accepté l'absence prolongée d'Henri, Rose n'avait pas supporté les infidélités de Jules et avait regretté de n'avoir pas écouté sa mère, Marthe n'avait jamais oublié Lucien, l'unique amour de sa vie. Toutes les trois allaient rester soudées pour, à la fois, se réconforter et faire face à leurs problèmes respectifs.

# 14

Les années de bonheur et de jeunesse étaient oubliées, disparues et recouvertes par celles où la vie dure et peu facile n'avait pas épargné Julie devenue une tout autre personne. Sa joie de vivre, sa gaîté, son enthousiasme et son énergie sans cesse débordante avaient cessé de l'habiter. De plus en plus discrète, peu causante, elle allait continuer à vivre et n'attendait absolument plus rien de l'existence.

Elle avait presque oublié Henri. Des beaux jours vécus près de lui, il restait peu de choses, et les souvenirs se brouillaient dans sa tête. Trop de douleur, de malheur les avaient à jamais effacés. Plus personne ne parlait de ce père parti aux antipodes, car depuis plusieurs années, Julie l'avait formellement interdit. L'attente, de pénible était devenue peu à peu insupportable. Le joli rêve de chaleureuses retrouvailles où, leurs visages baignés de larmes de joie ils se seraient enlacés avec bonheur, avait entièrement disparu. De cet amour il ne restait plus rien, pas même un sentiment de haine. Seule subsistait en elle une réelle et totale indifférence.

Ce retour enfin annoncé ne l'avait pas enchantée, tout au contraire, elle n'avait aucune envie de revoir Henri.

Eugène lui avait proposé d'aller à Marseille pour l'accueillir et Julie lui avait répondu :

- Tu es libre de faire ce que tu veux, moi je ne te demande rien, surtout pas de t'en occuper.

Blanche avait insisté auprès de son mari, tenant compte du grand âge de son père. Bien sûr, il serait sans doute capable de prendre un attelage à son arrivée sur le quai de débarquement pour se rendre à la gare Saint-Charles. Seulement il n'y avait pas de ligne directe et il devrait changer de train et de gare pour arriver à destination. Serait-il encombré de plusieurs bagages ? elle ne le savait pas.

Eugène avait inscrit le nom du voyageur attendu en très grosses lettres sur un carton qu'il tenait en l'air. Il avait un vague souvenir de la corpulence et du visage de son beau-père. Il regardait défiler les passagers sur la passerelle et s'acheminer vers le bout du navire pour aller récupérer leurs bagages. Il aperçut soudain un petit bonhomme, une valise à la main, qui se dirigeait vers lui.

- Bonjour, vous êtes Henri, je pense.

- Tout à fait exact, et vous êtes Eugène, si je ne me trompe pas.

- C'est Blanche qui m'a demandé d'aller à votre rencontre. Vous n'avez donc pas de bagages ?

- J'ai une malle, mais les Messageries maritimes s'en occupent. Elle me sera livrée à domicile dans quelques jours. Nous pouvons donc partir.

- Alors, c'est parfait. Allons-y, j'ai retenu une voiture pour nous emmener à la gare. Votre navire n'avait pas de retard aussi nous pourrons prendre le train, comme je l'ai prévu, dans à peine une heure.

- Je vous remercie d'être là, vous me facilitez la vie.

Avant de monter dans le train, ils eurent le temps d'aller se rafraîchir en buvant une bière. Une fois installés dans un compartiment bien rempli de voyageurs, leur conversation se limita à quelques banalités. Prétextant avoir très mal dormi la nuit précédente, Henri s'assoupit ou fit semblant de dormir. Eugène fit de même en pensant qu'il aurait bien des occasions de poser quelques questions sur toutes ces années vécues en dehors de l'hexagone.

Sans vouloir se l'avouer Julie, dans l'attente, était un peu nerveuse. Tout au long de la journée elle avait tourné en rond à la recherche d'une occupation. Marthe lui avait bien dit :

- Va donc te reposer maman. Son arrivée est en fin de journée, si tout se passe bien. Tu n'as pas à te faire du souci, avec Rose nous sommes là. Tu dois essayer de dormir un peu.

Julie était partie s'allonger dans sa chambre, pour faire plaisir à Marthe, sachant très bien qu'elle resterait éveillée. La fin de journée approchait et elle avait regardé à l'horizon le soleil descendre doucement et s'enfoncer derrière la colline.

Elle s'était levée, avait tiré sur sa jupe légèrement froissée, et avait remis en place quelques mèches de cheveux échappées de son chignon qui lui venaient sur le visage. Elle avait ensuite regagné son fauteuil après avoir bu son bol de soupe. Elle n'eut pas à attendre longtemps avant de percevoir le bruit de pas dans la maison. Elle aperçut dans l'embrasure de porte, un vieillard inconnu, si peu semblable à l'image de celui qui l'avait quittée. Elle ne bougea pas et entendit murmurer :

- Bonsoir Julie, c'est moi, Henri.

Sa réponse se fit attendre et ce long silence imposé et subi par Julie au cours de toutes ces années, Henri le ressentit à cet instant. Julie lui accorda enfin un :

- *Bonsoir Henri.*

Ces deux mots, sortis de sa bouche avec beaucoup de difficulté, seront les seuls prononcés ce soir-là. Ensuite son comportement sera à la hauteur de son ressentiment.

Rose et Marthe lui concéderont quelques paroles, juste le strict minimum. Quant à Jenny, elle n'aura pas l'autorisation de lui poser des questions. Indifférente à cet homme qui lui était totalement inconnu, elle n'aura aucune envie de créer un contact, de bavarder avec lui et préférera l'ignorer.

Julie, jusqu'à sa mort, ne lui adressera jamais un mot de plus.

Au cours des quelques mois qui lui restaient à vivre, sa générosité, son amour, l'ont définitivement abandonnée.

En accord avec ses filles elle avait finalement accepté de le garder à condition de ne pas le voir. Ses filles y veilleront et feront tout leur possible pour éviter une rencontre. Henri ira occuper la baraque accolée au poulailler qui sert de remise pour les outils de jardinage. Ses filles lui porteront le café chaud du matin et les bols de soupe, midi et soir.

Rose et Marthe ne reconnaîtront pas dans ce vieillard le père attendu, ayant depuis longtemps oublié les traits de son visage. Bien sûr, ces derniers avaient disparu pour laisser place aux rides profondes dues à son grand âge.

Henri allait se terrer toute la journée pendant de nombreux jours en espérant cette situation provisoire. Julie allait certainement se calmer et revenir à de meilleurs sentiments. Restait un doute cependant, car il se souvenait trop bien, à quel point elle ne lâchait jamais.

À la venue des premières gelées blanches annonciatrices de l'hiver, Henri avait enduré difficilement le froid. Il avait perdu l'habitude de supporter ces températures négatives malgré une couverture supplémentaire donnée par Marthe, en cachette de sa mère. Il manquait aussi de vêtements chauds, de bons pulls de laine. Il avait fabriqué un bonnet grossier avec des peaux de lapin. Ainsi coiffé son allure bizarre était plutôt comique, mais à son âge il se moquait éperdument de son aspect physique. Des bandes poilues lui couvraient le cou et les oreilles, mais ne l'avaient pas suffisamment protégé. Il souffrait d'un mal de gorge et toussait jour et nuit.

Blanche et Marie lui avaient apporté quelques vêtements, usagés ou devenus trop petits pour leurs maris. Plusieurs épaisseurs étaient les bienvenues pour l'aider à supporter le froid. Des sabots garnis d'un reste de peau de lapin lui maintenaient les pieds au chaud. Ce premier hiver allait lui paraître terriblement froid, très dur et serait source de regrets et d'incompréhension.

Julie avait fini par céder devant l'insistance de ses filles et accepter de le laisser cloisonner une partie du grenier. Cela lui ferait une chambre où une paillasse lui servirait de couchage. Dès le retour du printemps, Henri allait transformer son habitacle précédent en petit atelier. Toujours seul et inoccupé, les journées s'étiraient, interminables.

La fin de l'hiver s'annonçait avec l'arrivée des premiers beaux jours ensoleillés. Marthe l'avait pris en pitié et lui avait indiqué des travaux à faire dans le jardin. Elle l'avertissait dès le début de la sieste de Julie - ce qui lui permettait de jouir d'une bonne heure de détente.

Julie mangera seule sur une petite table côté cuisine, comme elle l'a toujours souhaité. Son repas terminé elle gagnera sa chambre pour aller se reposer. Henri s'y installera à son tour pour avaler son bol de soupe. L'exactitude des heures serait en permanence respectée afin d'éviter toute rencontre.

Julie allait s'éteindre comme la mèche n'ayant plus de substance pour l'alimenter. Son corps usé allait la trahir tout doucement, en panne d'énergie pour soutenir un cœur fatigué. Elle allait perdre son dernier souffle, sans bruit et seule dans son lit. Toute sa famille la pleurera et se consolera en pensant que les douleurs d'une longue agonie lui auront été épargnées.

Après sa mort, ses filles continueront à être dures, persuadées d'héberger l'homme le plus affreux qui puisse exister au monde. Rose et Marthe finiront par l'accepter à leur table à l'autre bout de la pièce. Henri partagera leur repas toujours assez frugal, mais un peu plus consistant. Les rapports restant extrêmement tendus, le silence régnera en maître.

S'estimant toujours aussi mal accepté, Henri ne s'imposera pas et vivra isolé dans sa chambre ou son atelier. Avec peu d'outillage il fabriquera pour sa petite-fille Marie une armoire à linge, une desserte et une petite table. Maurice, l'époux de Marie, ne s'autorisera pas le droit de le juger. Il ne le rejettera pas et lui fournira tout le matériel nécessaire accompagné de quelques bonnes bouteilles, soi-disant pour le réchauffer.

Le sentant réticent aux questions pourtant anodines sur ce qu'il avait découvert sur cette île lointaine, et davantage encore sur son vécu, Marie respectera son silence. Elle se contentera d'imaginer cet endroit où, sous un climat doux et parfois brûlant, se trouvent des forêts tropicales et luxuriantes aux odeurs très particulières issues de fleurs et d'arbres aux nombreuses essences. Lieu paradisiaque où se nichent des oiseaux aux plumages chatoyants et multicolores. Elle ne connaîtra jamais cette mer aux eaux transparentes, aux reflets divers et variés.

Marie ne comprendra pas pourquoi ce grand-père avait tant attendu pour rentrer au pays et retrouver sa mémé Julie. Cette île lointaine méritait-elle, si merveilleuse soit-elle, de lui sacrifier son amour et sa famille ? De son vivant, c'est-à-dire pendant quelques mois, Julie fermera sa porte à toute personne souhaitant rencontrer Henri et cette volonté sera respectée par toute la famille.

Henri va survivre à Julie peu de temps, à peine deux ans, lorsqu'à son tour, la mort viendra le surprendre une nuit dans son sommeil. Un départ dit heureux et sans souffrance.

Henri a-t-il eu des regrets d'être rentré pour retrouver les prés verdoyants de sa région et venir mourir près de sa famille ? Certainement, mais difficile de le savoir. Par contre, il ne s'était sans doute pas préparé à faire face à un tel accueil. Les amis avaient disparu, avec peine il avait reconnu les plus jeunes d'entre eux indifférents à sa personne. Le souvenir lointain, si toutefois il existait, n'évoquait que bien peu de chose. Sa famille l'avait rejeté, peut-on l'en blâmer, et ses petits-enfants avaient découvert un vieillard sans lui porter le moindre intérêt.

Dans de telles conditions, les dernières heures de sa vie ont dû lui paraître bien longues. Avant de prendre sa décision avait-il imaginé de quelle nature serait ce retour et pouvait-il concevoir une réception aussi peu chaleureuse ? Avait-il gardé l'illusion d'être reçu par Julie avec chaleur et bienveillance ? Nous ne le saurons jamais et nos questions resteront sans réponse.

La vie sur terre est de courte durée. Nul n'a demandé à exister et n'est vraiment préparé à la bien vivre. Certains y réussissent mieux que d'autres. Atteindre à la perfection, obtenir du pouvoir ou du succès, voir venir et se laisser vivre en refusant tout effort, peu importe le choix de vie, les regrets seront inutiles car ils ne servent plus à rien. Le passé sera toujours du vécu impossible à effacer, et si c'était à refaire, à changer, embellir ou noircir davantage.

Julie avait mis de nombreux mois avant de choisir Henri comme compagnon de route. Celui-ci avait été très patient, ne voulant pas la brusquer. L'éveil de l'attirance physique était survenu peu à peu et l'avait aidée à faire son choix. Son engagement, béni à l'église, avait à ses yeux une grande importance par rapport à celui pris devant le maire. Elle lui attribuait un parfum d'indestructible, de sacré, et ce lien qui les unissait ne pourrait jamais être annulé ni détruit.

Aigrie, fâchée, malheureuse, elle avait pourtant gardé très longtemps au fond d'elle-même une petite lueur d'espoir. De temps en temps elle avait relu les dernières lettres d'Henri. Celles-ci la meurtrissaient toujours sans lui apporter de réconfort. Elle s'en voulait à chaque fois et se promettait de les détruire. Elles symbolisaient malgré tout un reste du lien qui les avait unis l'un à l'autre.

À l'annonce du retour d'Henri, elle se décida enfin à s'en séparer. Elle les brûla dans le jardin afin d'anéantir ce qui, à ses yeux, prouvait qu'elle ne l'avait jamais oublié.

Henri ne devait pas le savoir et ne le saura jamais.

## Épilogue

*Cette fin de vie cauchemardesque est-elle le fruit d'un mauvais rêve ? Henri avait-il abandonné l'idée de revoir son pays et sa famille ? Malgré l'immense distance qui les séparait, avait-il ressenti l'abandon et le rejet total de Julie, et qui sait, n'avait-elle pas suscité ce sentiment le soir où elle décida de brûler toutes ses lettres ? Pouvait-il encore espérer un accueil bienveillant ? Conscient de n'être pas le bienvenu à Saint-Hérilay, avait-il choisi de terminer sa vie, seul et ignoré des siens, sur son île d'adoption ? Difficile de le savoir. Une chose est certaine, Julie l'avait définitivement renié en effaçant à jamais son souvenir.*

DU MÊME AUTEUR
Chez le même éditeur

*Julie*

*Imprimé en France*
par Arts'Print Numeric - 24, rue de Vire - 14110 Condé-en-Normandie
N° d'Imprimeur : 04000 - février 2022